U0548457

爱拼才会赢

我的律师生涯

林叔权◎编著

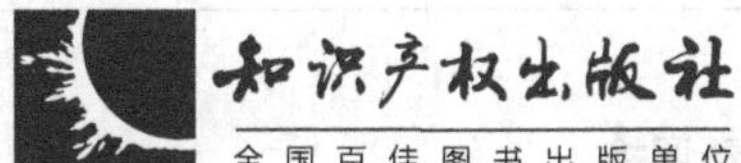

图书在版编目（CIP）数据

爱拼才会赢：我的律师生涯 / 林叔权编著 . —北京：知识产权出版社，2024. 5
ISBN 978 - 7 - 5130 - 8982 - 1

Ⅰ. ①爱…　Ⅱ. ①林…　Ⅲ. ①律师—工作—中国—通俗读物　Ⅳ. ①D926. 5 - 49

中国国家版本馆 CIP 数据核字（2023）第 222427 号

责任编辑：秦金萍　　**责任校对**：王　岩
封面设计：杰意飞扬 · 张悦　　**责任印制**：孙婷婷

爱拼才会赢

——我的律师生涯

林叔权　编著

出版发行：知识产权出版社有限责任公司	**网　　址**：http://www. ipph. cn
社　　址：北京市海淀区气象路 50 号院	**邮　　编**：100081
责编电话：010 - 82000860 转 8367	**责编邮箱**：1195021383@ qq. com
发行电话：010 - 82000860 转 8101/8102	**发行传真**：010 - 82000893/82005070/82000270
印　　刷：北京中献拓方科技发展有限公司	**经　　销**：新华书店、各大网上书店及相关专业书店
开　　本：720mm × 1000mm　1/16	**印　　张**：16
版　　次：2024 年 5 月第 1 版	**印　　次**：2024 年 5 月第 1 次印刷
字　　数：203 千字	**定　　价**：89. 00 元

ISBN 978 - 7 - 5130 - 8982 - 1

律师推荐

我与林叔权律师是半个老乡。我们结缘于“羊城毒辩”沙龙活动。他一直支持“羊城毒辩”活动，我主编出版的《毒品案件辩护技巧与案例解析》一书便由他作序。

他是位了不起的律师。他有坚强的意志力，在律海中搏击大风大浪，在律途中踏平坎坷。他眼睛里总是闪烁着智慧的火花。他成功转型做律师，并走出一条独特的道路——精于专业又善于营销的“双料律师”！

他热心公益、勇于挑战，永不放弃、敢为人先。《爱拼才会赢——我的律师生涯》这本书的主题所体现的精神非常值得我及律师同行学习！

——广东广信君达律师事务所高级合伙人洪树涌律师

林律师是我最敬重的前辈之一，是我的贵人，也是我律师职业生涯的导师。

我于2019年10月加入国信信扬律师事务所林叔权律师团队。当时，我对律师这个行业存在很多困惑，是林律师给我指点迷津。

我很幸运，在执业路上能遇到林律师这样一位导师，让我少走了很多弯路。现在每当我遇到困难时，都会请教林律师，他总能一语破的，让我受益匪浅。

高山仰止，景行行止。虽不能至，然心向往之。林律师是律师的楷模。我为爱拼才会赢的林律师点赞！

——国信信扬律师事务所合伙人周龙梅律师

看到书稿，我就觉得“爱拼才会赢”正是对作为闽南人的我的师傅林叔权律师的最好诠释。林律师一直通过不断的努力，尝试着做好一名律师，做成一位名律师；尝试开一间属于自己的律所；他从珠海折腾到广州，甚至厦门。十几年来，我见证了林律师的天道酬勤之路及“爱拼才会赢”的实践。近年，我还欣喜地收到以他为主编著的一本本新书。通过这本书，相信读者可以了解林律师的追求、执着，感受到他对律师职业的热爱和享受。我命由我不由天！衷心地祝愿林律师继续拼，继续赢！

——北京中银（珠海）律师事务所杜红霞律师

前言

秦金萍老师曾在微信上告诉我，《爱拼才会赢——我的律师生涯》这本书的封面设计，需要我提供作者简介。我回复：作者简介可以不要，因为没有办法“简”。这本书是我近20年律师生涯的浓缩，再写简介就画蛇添足了。于是，秦老师建议我再写点文字，作为前言。我说：这个，可以有。

前不久，我参加了珠海慧赢企业领袖俱乐部（我是该俱乐部法律专业委员会主任兼高尔夫球队创队队长）举办的一场活动。在发言中，我谈到了“3”这个数字与我的缘分：1983年，从乡下走出，到厦门大学读书；1993年，受珠海经济特区发展公司（珠海曾经相当辉煌的国企）委派，任其下属某中外合资企业董事副总经理；2003年，参加全国第二次统一司法考试，转行做律师；2013年，在珠海注销个人律师事务所——广东林氏律师事务所，北上广州；2023年，决定回归珠海，不再“漂”了。整整40个年头，学习、工作、生活在厦门、珠海、广州三个城市。40年，是坚信“爱拼才会赢”的40年，也是实实在在地一直在“拼”的40年。结果“赢”了没有？赢了，是人生赢家！当然，之所以能赢，乃天时地利人和也！

下个10年，2033年，可以期待；再下个10年，2043年，应该也是可以期待的；但是，再下下个10年，2053年，不再期待了！因为我出生的那个村，虽然也属于长寿村，但活到八九十岁甚至百岁的基本上都是女性，而男性则鲜有超过80岁。俗话说，知足常乐！这个“知足”，自然包括对生命长短的期待。

回想过去的40年，因为不知足，所以才拼；也因为拼，所以才赢。虽然我常乐在其中，但是说实话，不快乐也常如影随形。

最近我常想：这本书的出版，为我的律师生涯（也为我这一生）设置了天花板，我自知已经难以再超越自己了！

好在，俗话说，知足常乐！所以，我决定，在可期待的未来的20年，我要做的事只有二字：知足！

今早，我和我老婆说："等我生命终结的那一刻，我留在这个世界上的东西可能只有两样，一是几套房子，二是四本书，房子归你和女儿，书归读者。但是，我的条件是：从今天起，我打高尔夫的预算排在家庭支出预算中的第一位！"这句话，就权当我立的遗嘱吧！

感谢我的老婆、女儿、聪聪（狗）！感谢奶奶、父母、兄弟姐妹！感谢所有我这辈子遇到的人和事！

最后，特别感谢秦金萍老师以及知识产权出版社的其他同事！

林叔权

2023年12月写于珠海市翠湖香山玉兰苑

序一

天底下没有白费的努力

第一眼看到林叔权这个名字，许多人可能会误读成“林叔叔”。其实，林叔权律师年纪不大，起码比我小得多。不过，这几年他总是自称拥有“近半百人生”了。这不，他将自己的“近半百人生”汇编成书了。

在2020桂客年会上，每一位参会者都收到了我的赠书《因为律师：从律师打工者到律师观察者的前言后语》。林叔权律师看到赠书后，特意问我：您在书中已经为这么多律师写序祝贺，能否为我的新书题序支持一下？考虑到写序之艰难，我当即表示为难：容我再想想，可能没时间。

没想到，林叔权律师并不死心，还专程来到中国法学会拜访时任《民主与法制》总编辑的我，再次请我为他的《爱拼才会赢——我的律师生涯》作序。虽然我在桂客年会上已经婉拒，但此次在办公室见到他的那一刻，我知道再谢绝就有些不合情理了。最重要的是，十几年前我与他在广东省江门市还有同游梁启超故居的特别缘分。于是，我就开始翻阅林叔权律师送给我的这部新书书稿。

本书主题为“爱拼才会赢”，显然这与那首我们耳熟能详的闽南语流行歌曲《爱拼才会赢》有关。我们都知道，这是一首很励志的流行歌曲，以至于“爱拼才会赢”都已成了一句鼓励人们努力向上的格言。可以毫不夸张地说，世界上只要有华人的地方，就能听到这首歌。你也许不知道闽南，也可能没有去过那里，但是你一定听过这首歌。

林叔权律师正好生长于这个很有标志意义的闽南地区。1966 年 6 月 6 日，他出生于福建省泉州市永春县蓬壶乡丽里村的一个农民家庭。闽南实在是一个很特殊的地方，而闽南文化正好是传统农业文化与海洋商业文明的集中体现。正像《爱拼才会赢》的歌词一样，“人生可比是海上的波浪，有时起有时落”，充分体现了闽南人对人世间最朴素的看法，时局有好有坏，命运有顺有逆。所以，闽南人相信“三分天注定，七分靠打拼，爱拼才会赢”。林叔权这个闽南人也不会例外，他不仅坚信“爱拼才会赢”，而且还以此作为自己新书的书名。

在这部新书中，林叔权写了自己的“高考记忆”，回忆了自己大学毕业后被分配到珠海的“厅长”待遇，说了自己“想回家种田”的奇遇，谈了自己“北上广州”的经历……重要的是，他还介绍了自己做律师之后以案说法与以理维权的业绩。尤其值得一提的是，他作为律师因为释法说理而发表的直言直语与真知灼见，能给人一些启发。至于“那些特别值得记录的案例”，则是本书的最大看点。犹如将军需要不断打出胜仗的战例、作家需要不断推出叫好的作品、诗人需要不断写出叫座儿的诗歌，律师也必然需要积累自己的成功案例。为此，林叔权律师特意精选出了自己亲自办理的八个案例，以此彰显律师的职业价值。另外，同样需要关注的是，作者着眼于生活细节的职业反思，以及其对青年律师成长过程中存在的“苦”与“难”的感悟。

通过阅读本书，我至少获得了三个特别的感受。

一是作者是一个一直在努力学习的人。从作者林叔权律师的人生经历可以看出，他是一个很爱学习的人。无论是在企业，还是从事律师职业，林叔权始终是一位爱学习、会学习的人。当年因为爱学习，他考上了心仪的厦门大学；后来因为爱学习，他通过了号称“中国第一考”的国家统一司法考试；接着因为爱学习，他又潜心研究房地产法律服务领域的诸多疑难问题；此后因为爱学习，他开始投入精力参与为立法修法建言献策等参政议政的实际工作；现在因为爱学习，他沉下心来著书立说，回顾自己的执业经历，整理自己的研究成果。有人说，律师是一个最爱学习的职业。可以说，林叔权律师的学习探索经历，就是律师爱学习最具典型性的表现。

二是作者是一个一直在努力改变的人。每个人的一生都不可能是一成不变的，换句话说，每个人步入社会之后，一定会面临各种各样的转折和变化。于是，如何面对改变、怎样做出改变，就成了每个人的人生考题。考得很好，自然是人生赢家；考得不好，必然是命途多舛。本书作者林叔权就是这样一个经常面对改变并及时做出改变的人，结果如何，本书的出版就是一个正确答案。对林叔权律师来说，从离开校门到走上社会，是一种学习方式的改变；从厦门经济特区到珠海经济特区，是一种工作地域的变换；从国企高管到执业律师，是一种职业领域的跨越；从进入律所到创办律所，是一种服务方式的提升；从注销律所到加盟大所，是一种发展格局的升级；从暂别珠海到北上广州，是一种发展视野的拓宽……所有这些转折和变化，有些应该是与时俱进的，有些则显得有点儿突兀难解。但是，林叔权律师正是以这样的经历印证了很多闽南人所推崇的那句话——“爱拼才会赢”。用他夫人的话说，这就是一种“折腾”。因为她见证了林叔权在2003 年备战司法考试的挑灯夜读，亲历了林叔权从2010 年创办广东林氏律师事务所到2013 年注销该所，目睹了林叔权北上广州先后成为广东广强律师事务所及国信信扬律师事务所合伙人，陪伴了林叔权从2015 年设立“金牙律道”法律电商平台到2016年的“停摆”。接下来，她可能还将继续见证林叔权的“折腾”……

三是作者是一个一直在努力表达的人。众所周知，律师是一个必须勤于表达、敢于表达、善于表达的职业。毫无疑问的是，林叔权就是这样一位热爱表达、爱说爱写的律师。因为爱说，才有了本书展现出来的“直言直语和真知灼见”；因为爱写，才有了本书呈现出来的“关于青年律师的成长思考”的所见所闻与所思所想。最重要的是，因为一直致力于表达，林叔权竟然拥有了诸如“堂吉诃德”这样的雅号。通读本书，我们可以发现，林叔权律师的表达，既是执业律师针对一案一讼而释法说理的专业直言，也是执业律师为维护公平正义而据理力争的专业诤言，还是执业律师为完善行业管理而献计献策的专业美言，更是执业律师聚焦立法修法而参政议政的专业建言。

林叔权律师用自己的“近半百人生”写成了这部《爱拼才会赢——我的律师生涯》的新书，以此告诉我们：人在律途，爱拼才会赢，爱拼必然能赢。在我看来，这真可谓妙不可言、肺腑之言，乃至至理名言。

读完此书，我立即想起了胡适先生的一篇演讲稿。其中，有这样一句话——“天下没有白费的努力”。这似乎很稀松平常的一句话，却颇具深意。

1932年，时任北京大学校长胡适，在北大毕业典礼上进行了一次著名演讲：你们现在要离开母校了，我没有什么礼物送给你们，只好送你们一句话吧。这句话是：“不要抛弃学问。”胡适先生认为，“我们要深信：今日的失败，都由于过去的不努力；我们要深信：今日的努力，必定有将来的大收成”。“没有一点努力是会白白地丢了的。在我们看不见想不到的时候，在我们看不见想不到的方向，你瞧！你下的种子早已生根发叶开花结果了!”“你要深信：天下没有白费的努力。”①

最后，我想说的是，只有不断努力学习、努力改变、努力表达的人，才会使人生更富有创造意义，才能使未来更凸显挑战意义。

人在律途，爱拼才会赢；人在旅途，努力才有意义。

是以为序。

刘桂明*

2023 年 12 月于北京千鹤家园

① 1932 年胡适先生在北京大学毕业典礼上的演讲。

* 刘桂明现任中国民主法制出版社《法治时代》编委会执行主任、桂客学院院长。

序二

赢在拼搏的路上

光头律师林叔权与我缘分很深，以至于他把《爱拼才会赢——我的律师生涯》的书稿发来请我写序。几次三番，我竟然无力拒绝。

尤其是，刘桂明总编系我多年敬重的老兄，其序《天底下没有白费的努力》，体现于字里行间的非凡文字功力，几乎让我退避三舍。

相较于毕业于厦门大学，做律师仅仅十几年的林叔权，可以天天打高尔夫，日日指挥团队接新单，混迹律师圈35年的我，却似乎黯淡无光，由此不免心生一丝妒忌（羡慕），决定写几句话揭揭他的老底，以平心中的不忿。

2011年前后，发生了“李庄事件”，律师执业风险成了热门话题。做刑事辩护律师24年的我，被iCourt校长胡清平忽悠，开始一道在全国各地搞商业律师集训营。不过，没有想到竟然能在阿里巴巴、新东方、创新工场等地搞培训，尤其是没有想到光头律师林叔权，竟然会追随到杭州、上海、广州、深圳等地，连续参加几场培训，是我们的铁杆粉丝。甚至他还带着貌若天仙的芳姐（林叔权的妻子），一道到北京“拜师”学艺，这一晃已过去10余年，真是弹指一挥间。

2017年，我回归律师业务，专门给企业家做辩护，恰巧接了一个企业家集资诈骗案，案发地在珠海，谁知与林叔权律师竟不期而遇。因为他在当地知名度很高，也被聘请为该案某一被告人的辩护律师。缘分真是奇妙，他请客，我做客，不经意间竟百感交集、老泪横流。

2019年，我有幸与全国各地律协会长、律所主任一道拜访大湾区优秀的一体化律所。林叔权尽地主之谊，不仅亲力亲为、费心劳神，还派美女律师郑彬彬全程协助，在律师的公众号上直播报道，一时间在律师界影响颇大。

在我看来，大湾区无疑是经济发达的热土，若能在这个地方施展拳脚，前途自然一片光明。在与林叔权的几次交流后，他竟把自己的豪华公寓楼，借给我免费居住一段时间，以便洞开大湾区市场。后来我也在广州置业，与他成了经常来往的上下楼邻居。

这么深的缘分，这样深的交情，让我觉得自己必须得仔细看看《爱拼才会赢——我的律师生涯》这本书，才能从鸡蛋里挑出骨头来。

这本书给我的触动很大，也恰好印证了我对光头律师林叔权的直觉判断，并主要表现在以下三点。

其一，林叔权是一个爱较真儿的律师。

实践中，随着年龄、资历等变化，敢说真话、敢较真儿的律师，似乎越来越少，倾向于明哲保身、独善其身的人却不在少数。从事律师行业35年，看遍了人间冷暖，也领略了祸从口出，我现在自觉真的不敢像他那样恣意洒脱、纵横江湖。

这本书中不乏较真儿的内容，这可能与闽南人的性格有关。例如，《政府不可任性》《人才不应与低收入者争利》等文章中的一些内容，他敢写敢说，而我这样的老朽只能三缄其口。

其二，林叔权是一个有商业头脑的律师。

不知道他是否中了商业律师集训营的毒，我发现他从一开始做律师，就十分关注平台、关注营销，而这恰恰是许多律师的短板。诚如刘桂明总编所言，律师是看起来很美、听起来很阔、说起来很烦、做起来很难的职业。归根结底，这难就难在律师如果不会营销，就很难拿到案源。而本书的大量篇幅，对此都有所涉猎。例如，《渠道为王，有渠道就有案源》《渠道开拓，不要说没办法》等，可谓经验之谈，也是真知灼见。

其三，林叔权是一个有团队的律师。

林叔权确实是“半路出家”做的律师，但他在做律师之前，曾开过工厂，当过老板。这个经历使他获益良多，也导致他从踏入律师行业的第一天起，就没有想过自己一个人单干。他深知恶虎难敌群狼，一个人干不过一个团队。而这也直击律师行业的软肋——很多律师似乎习惯了单枪匹马，往往缺乏一定的团队意识。而林叔权在珠海和广州开过律所，带过团队，却永远不愿意做一名独行侠来孤身奋战。

本书中，也有不少他对团队的思考。例如，律师要摒弃“个体户”思维、远离传统“传帮带”等经验想法，都是他长期带团队的深切感受。

啰啰唆唆，言至于此，无非是想还原一个真实的光头律师林叔权。

我经常与他对何为成功律师争来争去，其实他就是一个成功律师的楷模，要不然，他打高尔夫时挥杆的姿势怎么会那么优雅？

总而言之，爱拼才会赢，赢在拼搏之路。

段建国*

2023 年 12 月于广州奥园

* 段建国，北京天用律师事务所名誉主任，北京市优秀刑事辩护律师，中华全国律师协会第九届刑事业务委员会委员，中国法学会法律文书学研究会理事。

上编

中 编

下 编

上编

第一篇

近半百人生

写在前面的话

1966年6月6日，一个小生命在福建省永春县蓬壶乡丽里村的一个农民家庭诞生。这个小生命就是我——林叔权，至今已是一名执业年限将近20年的律师。

高考、上大学、毕业分配、工作、结婚、失业、创业、失败、再创业、转行……我的经历和故事与20世纪60年代出生的同龄人基本无异。

近半百人生中，固然有许多独特且有趣的故事可以讲述，有很多人生大事可以追忆，有很多深刻的经历值得留痕。只不过，我不太擅长写此类文章。再说，2003年9月之前，我的人生其实也确实很普通，所有的经历都是跟着同时代的同龄人一起走而已，没有什么值得大书特书的。

2003年，"非典"那年，是我人生转折的关键一年。那年9月，我以一名法律门外汉的身份参加全国第二次统一司法考试并顺利通过，从此开始了人生的"华丽"转身。所以，本书记录的基本上是我在2003年9月之后的人与事，特别是2005—2020年的15年律师生涯。

当然，撰写本书的初衷也是想对我的前半生做个总结。所以，就以《近半百人生》作为本书第一篇文章。

"近半百人生"来源于一篇文章。2010年9月，《南方都市报》做珠海"新移民"专题时，对我进行了一次专访。当时，我刚满44周岁，正在

“奔五”的路上，所以建议记者用“近半百人生”作为标题。记者采纳了我的意见，专访文章的标题就叫作《林叔权的近半百人生》。此外，本篇还记录了我的“高考记忆”和“‘厅长’待遇”。这些内容，基本上记录了我的近半百人生中的那些重要的、值得记忆的事情。

本篇中，《想回家种田》一文曾在2007年4月23日发表于《珠海特区报》。十几个年头过去了，“回家种田”，始终停留在“想”上。现在，我也还想着！兴许等2035年吧！那时我将年近70岁。人生七十古来稀。到时候，律师肯定是不再做了，就回到福建那个叫作永春的乡下种田。父母留下了几亩承包地，还有我家老房前的菜地。回家种田，确实仍然是自己的念想。

另外，《北上广州》一文是我在2020年元旦假期写的。该文阐述了我试图由“林总”到“林律师”的蜕变历程，也讲述了我2013年北上广州，开始由“林律师”又变回“林总”的征途。

2020年第四季度的时候，我跟我老婆说，我要再做15年律师，直至70岁。听到这话，我老婆一点儿也没有感到惊奇。从1997年认识我后，这20多年来，她看惯了我的折腾，也习惯了我的折腾。她也知道我会一直折腾至死。

她认识我的时候，我的身份是一名国有加油站的站长。之后，她见证我在邻近珠海的中山市的三乡镇创办了一家电脑加油机厂，制造税控加油机，然后又看着我无可奈何地退出。她见证了我2003年备战司法考试的挑灯夜读，见证了我在2010年创办广东林氏律师事务所，见证并协助我在2013年注销该所，见证了我北上广州先后成为王思鲁大律师领衔的广东广强律师事务所的高级合伙人及国信信扬律师事务所的合伙人，见证了我在2015年设立“金牙律道”法律电商平台到2016年该平台“停摆”。接下来，她还将见证我继续折腾。

她对我的折腾已经司空见惯了。她说，反正你林叔叔每隔三五年就得折腾一下，那就折腾至死吧！

2021 年新年，习近平总书记发表的新年贺词的关键词是“了不起”，每个人都了不起！那么，这里的“每个”当然包括我这个小人物。

大人物有大人物的了不起，小人物有小人物的了不起。大人物的了不起是伟大，小人物的了不起是不平凡。

近几年来，我一直过着“两点一线”的生活。两点是珠海、广州，一线是广珠城轨。

人在律途，爱拼才会赢，爱拼能赢。

近半百人生[①]

1966年6月6日，我出生在福建省永春县蓬壶乡丽里村的一个农民家庭。作为一名六零后，我的经历和故事与很多同龄人基本无异，高考、上大学、毕业分配、工作、结婚、失业、创业、失败、再创业、转行……而至今已是一名执业年限将近20年的律师。

这近半百人生中，充满了拼搏与转折、坚持与汗水，如今看来，约莫可归结为几件事：乡事、心事、本事、逸事。

➢ 乡事：从小就听《爱拼才会赢》

永春出了好多名人，如创造咏春拳的严咏春，这也是我家乡名字的由来。于我而言，尽管离乡多年，但只要一说起家乡福建永春，我总是能如数家珍般地罗列出许多“大牌”老乡，比如周杰伦、苏芮等台湾明星。

从小我们都受《爱拼才会赢》这首歌的影响，觉得长大了就应该出去闯天下，爷爷每次看到那些从海外归来的华侨，常对我说你要比他们走得更远。所以，虽然我从小生活在永春农村，家中十几口人只有两个房间，也常要和奶奶挤着睡觉，但我始终觉得一天24小时，每个人有不同的活法，

① 本文部分内容参见米春艳、杨晓纯：《林叔权的近半百人生》，载《南方都市报》2010年9月15日，第ZA13版。

只要自己觉得幸福就好。

➢ 本事：半路出家9个多月自学通过司考

忙碌但精力充沛，我亦是众多特区寻梦人中的一个。十几年前，我经常穿着洁净的白色衬衣和米色的休闲裤，戴着一副大眼镜，随身携带一只超大的公文包，说话和走路的速度飞快。从新香洲到拱北蝶恋花的路上，我能匆忙接很多个电话。

决定来珠海工作

虽然厦门也是经济特区之一，但我之所以决定来珠海工作，是因为它毗邻澳门，地理位置优越，发展前景更好一点。

1987年，我从厦门大学毕业，成为"文革"后恢复高考的第一届本科毕业生，和同龄的"天之骄子"一样，我憧憬着自己美好的未来，希望在临近澳门的珠海经济特区大展拳脚，闯出一番事业。可那时，我对珠海的第一印象就是可以买水货。当时有卖雨伞的，有卖从境外带来的服装，但是都太贵，有些买不起。不过，回想起1987年8月那时，年仅21岁的我坐在从厦门开往广州的客轮上等日出，真是忍不住感叹沿途的风景真是太漂亮了。

我到珠海工作后，去的第一个地方就是拱北莲花路。但由于公司人员过多，刚到珠海的我并没能入住公司宿舍，而是自己掏钱在拱北宾馆住了11晚，后来也只能和同事挤在南香里集体宿舍住客厅，这个"厅长"一当就是一年多。

任多个公司领导，却都是去清算公司

凭借企业管理的专业优势，我被分配到珠海经济特区发展公司，即如今步步高对面发展大厦的原址。当时公司有21层楼高，是当时全市的最高楼。这个公司主要负责珠海经济特区招商引资的重任，地位举足轻重，就

像现在的大国企，下属有很多公司，像如今的珠光汽车公司就是当时的公司发展而来的。这段经历，对于当时刚毕业的我而言，非常宝贵，亦值得自豪。

1992年是我最辉煌的时候，那时不仅同时担任特区发展公司下属十几家公司的董事，还做过厂长和总经理。那个年代，珠海有大学生、工程师等人才，十分讲究特区精神、时间就是金钱、高效率、特事特办，拥有政策优惠。在我进入珠海经济特区发展公司的第五年，虽然工作做得风生水起，但公司却已日薄西山。那时我去各个公司当领导的主要工作就是清算业务，上任一家清算一家。不过，对于公司的后劲不足，我倒有自己的一番见解："每个企业都有自己的历史使命，无法通过市场检验，就必须被淘汰。现在回想起来，这段清算经历为自己后来的华丽转行积累了不少经验。"

半路出家9个多月自学通过司考

2002年前后，珠海经济特区发展公司的经营状况每况愈下，已经36岁并处于半失业状态的我不得不重新寻找出路。我办过造纸箱厂，开过小餐厅，做过电脑加油机设备厂股东……可不幸的是，前述种种尝试均宣告失败，而当我意识到需要激情的创业已经不再适合年近不惑的自己时，我几经权衡后，选择了当律师。

我觉得在这个社会如果不想求人，就必须有一技之长。医生、工程师等专业性太强，我学不了，而恰巧在珠海经济特区发展公司待的那几年，做的是清算工作，经常要接触诉讼事务，所以对法律工作多少有些了解。加之，我曾担任过《珠海特区报》的首批特邀记者，对文字工作的兴趣，使我终于下定决心要当一名律师。

于是，自2002年12月起，我就把自己调整到阔别20余年的高考状态，每天花12个小时学习法律。坦白来讲，我不能与那些科班出身花四五年时间学习的学生相比，我认为必须要用考试的方法来对付考试，那就是做历届考试题，把不懂的搞懂，但好的一点是，我从来就不怕考试。之后，2003 年 9 月，我第一次参加司法考试，就顺利通过。2010 年，我选择单飞，在珠海成立了自己的律师事务所。说起成为律师的渊源，我总是不禁感慨生活的偶然性。

这辈子“最无奈”的就是做律师了

通过司法考试的我，当时其实并没有旁人想象中的那样兴奋。那时，我把律师看成一种职业，而不是事业。我总是跟旁人说：“我这辈子最无奈的就是做律师，只是为了混口饭吃。如果能碰上国企改制的话，说不定我现在也是老板了。”在我看来，在中国做律师并不容易，因为律师就像个体户，虽然几个合伙人成立律师事务所，但之后就得自负盈亏。

通过考试后，我找了一家律师事务所实习，但发现根本没人将案子给我做。初入律师行业的我，和众多新人一样看起来“平平无奇”，但毕竟工作多年，我总是积极地思索应该如何去扭转这个被动的局面。凭着工作经验，我很快意识到，要让认识我的人知道我转行、让不认识我的人知道珠海有一个林律师的最快方法，就是与媒体结合。于是，沿着这个思路，我通过与本地媒体合作，迅速打开了知名度，成为曝光率较高的珠海本土律师之一。

被南都誉为“公权力失范的警醒者”

2006 年 11 月 20 日，我在珠海本地一家房产论坛上发帖，号召珠海所有想实现“居者有其屋”的朋友们，加入珠海“个人集资建房”！之所以会这样做，是因为我当时受到温州个人集资建房成功拿到土地的启发，加上珠海的房价节节攀升，当时老百姓都有意见，于是我觉得我必须站出来。2007 年，温州个人合作建房发起人赵智强也被邀请加入活动。但遗憾的是，出于一些原因，由我发起的珠海“个人合作建房”最后也不了了之。

2008年11月，身为律师，我做了一个大胆的举动，那就是一纸诉状将执行收费的珠海市路桥管理处告上法庭，要求政府相关部门申请公开近三年机动车路桥通行费征管情况，并探讨是否存在下调空间。但一个多月后，我便以“该案涉及的法律知识复杂，须再行研究为由”撤诉。

我这个人耐不住寂寞，一直很善意地做自己认为对的事，而且会把界限掌握在一定范围内，不会成为社会的麻烦，但是该出声时就出声。正因如此，2010年6月，热心公益事业的我被《南方都市报》评价为“公权力失范的警醒者”。面对这个头衔，我感觉十分受宠若惊。

➢ 心事：不做房奴，想在西藏搭帐篷

“我不做房奴，只要有房子住，就不会想住大房子，现在赚钱的速度赶不上房价上涨的速度。”在我的人生观中，从来没有把“住好”放在首位。2010年，我仍然住在单位的房子里，尚未买房，那时我最想做的一件事，就是在西藏的神湖旁搭个帐篷或者租牧民的房子住两年。因为那会儿我刚去过西藏，被西藏神湖的圣洁所震撼，我认为西藏只能用大美来形容，而不仅仅是美丽。也许我们拥有很好的物质享受，但是他们却拥有蓝天白云。

➢ 逸事：看香港小姐选美学会粤语

对于许多刚到珠海的新移民来说，粤语是很难跨越的鸿沟，而这对于从小讲惯闽南语的我来说，也不例外。那时我刚到珠海，完全听不懂粤语，很多讲粤语的电视节目根本看不懂。

不过，我在1987年8月来珠海的时候，正好碰上了香港小姐比赛。当时，我每天晚上下班后，就坐在宾馆里面，等着看香港台播出的选美比赛，

而这在我们老家是收看不到的。一开始只能死死地盯着电视上的字幕看，但后来这类电视节目看多了，白话也就逐渐学会了。

➢ 城事：情侣路是城市规划的最大败笔

初到珠海的我，住在拱北宾馆，喜欢看海。那时的水湾头很漂亮，高栏港和横琴的海也很好看。但我喜欢去的九洲岛现在没人去了，因为太脏了。人们常说，情侣路是珠海的名片，但我却不以为然。在我看来，绵长的情侣路割断了城市与大海的关系。比起三亚，珠海不像一个海滨城市，因为没有沙滩。尤其是在情侣路建成之后，天然的沙滩因被平整的水泥路代替而消失了。

关于这一点，我认为珠海的发展规划可以借鉴厦门。厦门的环岛路与珠海的情侣路类似，但是环岛路是高架桥，很好地保护了沙滩的自然生态，没有破坏景观。游走于珠海与厦门两大经济特区之间，我有时觉得珠海比厦门至少落后10年以上，这主要表现在城市基础设施建设方面。不过，我深知自己总是习惯性地带着批判的眼光观察周围的世界，毕竟律师行业干久了，难免有点儿职业病。

高考记忆[①]

我的老家在福建省泉州市永春县的一个农村，因为沿海，这里与外界交流频密，崇文之风浓厚。家里有六兄妹，我排行老三，算是成绩最好的一个，后来也成了家里唯一一个考上大学的。

凌晨4点借路灯背书

新中国成立之初，大学生可谓凤毛麟角，但我们村就已经出了几个大学生。有的在北京读书后留校当教授，从小父母长辈们聊天，就常常会在孩子们面前提起某某出人头地，在哪里当教授。孩子们都很羡慕，于是很多人把读书当成跳出农门的唯一出路，学习的气氛很浓厚。回想起来，那个时候读书，根本不用家长耳提面命，他们也不会要求孩子一定要考上大学，但大家都是发自内心地想去读书，因为只有读书才能离开面朝黄土背朝天的农村。

1983年，我参加了高考。由于时隔30多年，我的很多记忆已经模糊，但其中印象最深刻的是，包括每个学生读书都特别刻苦，学校早自习是早上6点左右开始，但大家凌晨4点就全部起床了，宿舍没有灯，便跑到路灯

① 本文部分内容参见《改变人生轨迹的大考　三个年代的高考记忆》，载《南方都市报》2007年6月7日。

下看书背诵，基本上一天除了吃饭，都在埋头读书，而晚上学习到 12 点才会休息。

过去读书，学习方法肯定是有的，但关键还是勤奋。如今时代早已不同，因为大学不断扩招，已经很少看到有人为了考上一个心仪的学校而多次复读。而在我那个年代，复读的人很多，少的复读了一两年，多的甚至复读了五年，因为每个人的目标都很明确，就是要上大学。

长时间高强度的学习，加上当时学习环境简陋，大热天也没有风扇，我在高考前一周中暑病倒，后来带病参加完高考。

➤ 录取比例可谓百里挑一

依稀记得当时的高考考场设在县城的一所中学，路途遥远，学校还专门安排一辆车将考生从乡下送到考点。那会儿交通很不发达，只有考完试才能回去，所以我们参加高考时，除了要带上笔、文具和证件，还要背上席子、蚊帐等行囊，白天考完，晚上就睡在学校的地板上。

这次坐车的经历，给我留下了难以磨灭的记忆。我 18 岁那年一共坐过三次车，都跟高考有关。其中，第一次坐车是高考前夕，县里组织到医院体检，第二次是参加高考，第三次就是考上厦门大学，坐车到学校去。当时汽车很少，能坐一次车都让我感觉很威风，以至于多年来一直念念不忘，常常跟朋友提及。

当时高考的录取比例只有 2% 左右，能考上大学的人很少。尽管考试时身体不适，但我考完后，自我感觉发挥得还不错。回到家后，我卸下了所有的思想包袱，又恰巧赶上农忙时节，便跟家人一头扎进农田忙活起来，等忙完已经到了 7 月，直到有一天一个同学突然兴奋地跑来，告诉我："你考上了！"这时我才意识到自己要离开农村，上大学了。

关于具体分数，如今我着实有些记不清了。不过，当时分数公布后，我估摸着自己能考上厦门大学，于是报志愿的时候，便没有犹豫，直接填报了厦门大学的“工业企业管理专业”，类似现在的工商管理。

➤ 怀老板情结，报读管理专业

坦白来讲，作为福建人，我从小就有“老板”情结。因为福建靠海，历史上经商之风盛行，出国经商的华侨更是不在少数。小时候，一位华侨从国外回来探亲，这事经过奶奶的一番介绍，我羡慕不已，那时心里便种下了当老板的种子。

大学毕业后，我被分配到珠海经济特区发展公司，这是珠海从事公共建设的一个政府平台，但好景不长，2003 年该企业被托管。也正因如此，我下岗后，通过司法考试，当了一名律师。经过这些年的打拼，我已经在律师行业站稳脚跟，开过律师事务所，还是多个协会的副会长、成员，事业可谓蒸蒸日上，但高考情结在我身上始终挥之不去。

对我而言，高考仍是改变命运的头等大事，不过现在大学扩招，就业方向多元化，高考早就不再是独木桥了。我的女儿在 2018 年参加了高考，那时偶尔翻开女儿的历史、地理课本，发现难度比我当年高考时大了很多，很多内容，我读大学时都没有，所以别看现在孩子的生活条件变好了，但学习的难度也提高了很多。

最后，作为一个过来人，我真诚建议那些正在冲刺高考的年轻人，不用追求一定考多少分、一定上名校，但一定要有自己的梦想和目标，要为了自己设定的目标而不断打拼。

想回家种田

2006 年 4 月 26 日，深圳知名的“网谏人士”邹某在奥一网上发起“不买房行动”，呼吁市民持币待购以对抗房地产炒家。他的言论在深圳乃至全国引起强烈共鸣，其本身也被带进舆论旋涡之中。此后，他和“不买房行动”一起销声匿迹。

然而，时隔一年，突然传来邹某变卖家产并将告别城市回家种田的消息。这个消息使我不禁产生共鸣，因为曾经想告别城市回家种田的还有我！

自从 2006 年我在珠海发起“个人合作建房”以来，就总是有人好奇地问我：“你为什么要发起合作建房？你也没有房子住吗？”对于这个问题，我常回复道：“我有房子住。但是，我要‘优其屋’。”换句话说，我不属于没有房子的一族，但也是属于亟待改善居住条件的人。

有一个开发商朋友对我说：“林律师，我开发的房子很漂亮，小区也很安全，你可以到我那里买一套嘛。我给别人九九折，看在你是律师的分上，我给你九点八五折。”那时，嘴上虽没有说什么，但我心里不禁叨咕：“你的房子价格每平方米都高达 8000 ~ 10 000 元了，还都是 100 平方米以上的大户型，一套要一两百万元，我哪里买得起啊！”

“房价”二字无疑是 2006 年以来人们说得最多的词，上至国务院总理，下至一介平民，都在关注房价。在 2007 年的全国“两会”上，时任全国人大代表、广州市市长张广宁成为众多媒体关注的焦点人物之一，因为他说了其他很多市长都不敢说的一句话："房价一定降!"

近期，珠海市房价上涨问题也引起了珠海市政府主要领导的关注。在2007年4月16日举行的珠海市政府常务会议上，强调本市房价已经超过居民购买能力临界值，市政府要采取措施平抑房价、稳定房价。如此看来，我这个亟待"优其屋"而不能，以至于曾经也想干脆回福建老家种田算了的人，还是可以暂时待在城里，一边当律师，一边等待"优其屋"了。

“厅长”待遇

➢ 入职分房享受“厅长”待遇

截至 2008 年 11 月，我在珠海已经住了 21 年，对珠海人的居住变化也算深有体会。

1987 年大学毕业后，我刚被分配到珠海经济特区发展公司时踌躇满志，结果来的第一天就面临没地儿住的问题。当时单位的宿舍全部满员了，公司的总经办让我自己先去住招待所。于是，我只好自己花钱在招待所住了 11 天，当身上的钱所剩无几的时候，只能央求公司总经办安排宿舍入住。不过，令人意外的是，公司总经办“大笔一挥”，竟然把我安置到南香里集体宿舍 7 栋 5 楼的一套三室一厅。那里三个房间都住满了，只剩一个空荡荡的客厅，我便没有犹豫，直接住了进去，成了名副其实的“厅长”，一待就是一年多。

于我而言，从小家里就五六个人睡一个房间，所以对住的地方要求不高，只要有住的地方就行，并不太在意隐私的问题。当时，那个客厅的面积有十七八平方米，就放了一张铁架床，我买来一张草席铺在上面，将箱子往床底一扔，就住下了。后来见客厅空荡荡的，连书桌都没有，我便找来几块木板，用钉子一钉，组装成了简单的书桌。

回想起来，虽然我住的是客厅，但其实面对五个门，包括三个卧室门、一个厨房门以及一个大门。那套集体宿舍住了六七个人，进进出出都要经过客厅，可很奇怪的是，我的睡眠质量很好，从来不会被吵醒。

1988 年，由于同事结婚，我住的那套房成了同事的婚房，公司便把我们又安排到兰埔的一个集体宿舍，两室一厅，70 多平方米，同样住了四五个人。不出意料的是，我仍然当上了“厅长”。这次我花了点心思，用几块三合板将客厅围成一个独立的房间，就七八平方米，放了一张床、一个书桌、一个折叠式的衣柜，勉强算是有了自己独立的小房间。不过，好景不长，住了一段时间后，我才发现一个非常重要的问题——房间内没窗户，不通风，关上门都快被闷死。好在这套房也住了不到一年的时间，又因同事结婚分房而结束了这段“厅长”生涯。

➢ 分到“小公寓”，感觉像豪宅

1990 年，我终于分到一套两室一厅中的一个独立的房间，大概有 10 平方米。尽管如此，但也意味着我终于有了一个真正的家。入住后，我便在翠香路的百货公司里花 3000 多元买了一台 18 英寸的三星彩电，还买了一套沙发、一台录像机放在房间，看起来总算有个家的样子了。

按现在的话来说，我当时的感觉就像住了豪宅一样，非常开心，时常感慨生活总算达到了小康的水准。因为不仅有了独立的空间，可以请朋友过来坐坐，看看录像之类的，还可以在朋友面前炫一炫呢。

➢ 分了大房，家成了接待站

1990 年年底，有同事结婚，我又开始搬家了，不过这时我已经成为一个部门的小领导，所以虽然没有结婚，但公司也分了一套 89 平方米的房子给我一个人居住。三室两厅，在当时而言，是很不错的房子。

意料之外的是，虽然分了这套房子，但我的生活质量反而下降了。原因在于，自从分了这套房子后，兄弟姐妹们就陆陆续续地来珠海这边打工、做生意，虽然刚开始都非常热闹，自我感觉也良好，但长此以往，就难免觉得自己的生活被严重打扰，没有自己的生活空间。他们都把这里当成中转站，所以虽然有三个房间，我也只能住一间而已，其他的房间长期被亲朋好友占用了，而这种情况一直持续了五年多。

至今想起这段曲折的住房经历，还是觉得非常有趣，很是特别。

北上广州

2010年9月，那时我刚过44周岁，做独立律师刚满五年，刚创办了自己的律师事务所——广东林氏律师事务所。由于当时我已把自己打造成珠海“最出名”的律师（报纸有字、电台有声、电视有影），《南方都市报》还找我做了一篇专访，所以我趁机总结了自己的前半生，于是有了《林叔权的近半百人生》这篇文章。

光阴似箭，日月如梭。2020年的我，正由青中年的大叔奔向中老年的大爷。这一年6月，我将55岁，向60岁进一步靠拢，而这个年龄属于法定的退休年龄。到时我将有权不再缴纳社保，有权开始受领退休金，对此我有些期待，但一想到60岁退休，人生开始倒计时，我立马又沮丧至极！

2016年，我曾给自己规划要再干20年，等70岁再正式退休，开始享受退休生活。这种如意算盘，对于律师这个职业，是既可能如愿又可能如意的，因为律师可以实现终身执业。那么在这20年时间，干点儿什么？怎么干？

2013年北上广州，我开始了由“林律师”变回“林总”的征途。对于不安分的我而言，当时这个北上广州的动作着实有点儿大。从2010年创立广东林氏律师事务所到2013年做出这个决定，仅仅三年时间。由于各种原因，我经营广东林氏律师事务所不到一年，就遭遇了瓶颈。

我在做律师之初，就曾宣称我这辈子最差也就是做一名律师。这句话，只有少数熟悉我的经历和人生志向的人才懂。大学期间，我学的是工业管理专业，1987 年厦门大学毕业后就到了珠海做内引外联工作，之后升职担任过董事、副总经理，以及董事、总经理，还几番折腾创业。直至 2003 年 9 月，我参加了司法考试，一次过关，从此开始了由“林总”到林叔权律师的蜕变。

从小受环境影响，外出、做“头家”（老板）、赚大钱，成为我的人生梦想。而“律师”这个字眼，在我 2003 年之前的人生字典里是绝对找不到的。即便过了司法考试，成了一名律师，甚至硬把自己打造成珠海乃至广东的“名律师”，律师在我心中仍然排行第二，而老板才是老大。所以，才有“我这辈子最差也就是做律师”的说法，这一说法甚至成了我转行做律师之后的口头禅。

照理，做律师都做成这样子了，该知足了！但是，性格决定命运，不安分的性格让“我这辈子最差也就是做律师”的自我认知根深蒂固！而改变这一认知的办法就是将自己再由林律师变回“林总”。于是，北上广州，就是我人生旅途上由林律师变回“林总”的一个节点，是我后半生的开始，也是我在大湾区“两点一线”生活的开始。

人在律途，爱拼才会赢！

上编

第二篇

堂吉诃德

写在前面的话

2003年9月，我参加全国第二次统一司法考试，并一次过关，取得法律职业资格证书。2004年5月—2005年5月，我在珠海当时规模最大的一家律师事务所（广东大公威德律师事务所）做实习律师；2005年6月起，成为该所的执业律师。

2005—2010年，我干了两件轰动珠海的大事：一是将珠海市路桥管理处①告上法庭；二是发起珠海的个人合作建房。

前一件事，众所周知的结果是：在多方努力、多种因素合力之下，路桥通行费取消了。后一件事，正如《南方都市报》发的通讯标题所言："种下希望，收获寂寞！"

这两件事，带给了我两样东西：社会的认可，以及在珠海家喻户晓的声名。甚至在珠海经济特区设立30周年之际，我还因这两件事被《南方都市报》评价为"特区三十年三十人"之一。

因此，本篇是在结合《南方都市报》《珠江晚报》等媒体发表的相关内容的基础上整理而成。这些内容基本上记录和反映了我起诉路桥管理处、争取取消路桥通行费的努力、结果、影响，以及发起并参与珠海"个人合

① 即珠海市交通运输安全事务中心。

作建房”的堂吉诃德式行动、结果及寂寞。

堂吉诃德面对的世界是理想与现实的世界。成为一名律师之后，我面对的也是理想与现实的世界。我首先是个理想主义者！所以，我会去干上述那两件轰动珠海的大事。我也是个现实主义者，凡事先追求理想，然后再面对现实。

路桥通行费早已成为历史，而“个人合作建房”虽然没有成为现实，但是“房住不炒”已经在国家层面成为房地产领域的基本政策。所以，人还是需要有点儿堂吉诃德精神，并且在法律框架内，有时还可以有堂吉诃德式的行动或者举动。

堂吉诃德式的警醒者[①]

公益诉讼，在中国向来是堂吉诃德式战风车。

作为一名律师，我热心公益事业，有时自称“民间人大代表、政协委员，公益律师”。2006年，我发起集资建房的号召，让许多珠海人记住了我。2010年，因为路桥通行费征收不合理而状告珠海市路桥管理处，但在开庭前夕撤诉，再次加深了珠海人对我的印象。

➢ 发帖号召集资建房

过去，我有两个头衔：珠海市消费者委员会法律顾问团成员、珠海市总工会法律工作团体会顾问。这两个头衔都与我的律师职业有关，也和我喜欢“掺和”公益事务相关。曾有不少受过不公正待遇的人，都慕名来找我，希望我能帮到他们。所以，我时常觉得自己还算是个公益律师。

而除了“公益律师”的标签，我认为自己还是“民间的人大代表和政协委员”。2006年11月20日，受到“温州个人集资建房”成功拿到土地一事的启发，我决定在珠海市一家房产论坛上发帖，号召“珠海所有想实现‘居者有其屋’甚至是‘居者优其屋’梦想而又不想远到斗门和坦洲置业的

① 本文部分内容参见张应昂、温黛默：《林叔权公权力失范的警醒者》，载《南方都市报》2010年6月25日；肖然：《林叔权撤诉，一种退而求生的策略》，载《南方都市报》2010年5月25日。

朋友们，加入珠海‘个人集资建房’！”于是，在这个平淡无奇的日子里，因为我的举动，掀起了不小的波澜。

之后，这一号召引起了大家的广泛关注。首先是有人站出来声援支持；接着在2007年1月30日召开“珠海个人合作建房发起发布会”，温州个人合作建房发起人也被邀请到现场介绍经验；随后，同年召开的珠海市“两会”上，时任珠海市政协常委陈利浩提交提案“制定法规，支持和规范集资建房”，对珠海个人集资建房一事予以支持。但遗憾的是，出于众所周知的原因，由我发起的珠海个人集资建房最后也不了了之。

➤ 抵制路桥费，从起诉到撤诉

2008年11月，我曾发函向政府相关部门申请公开近三年（2006—2008年）机动车路桥通行费征管情况，并探询是否存在下调空间。20天后，珠海市路桥管理处给予书面回复。一年多后，备受诟病的珠海路桥通行费问题，再次受到人们的关注。2010年1月，律师孙农向珠海市路桥管理处发函要求公开11个收费公路项目的详细情况，而对方复函显示该11个收费公路项目均已超过收费大限且还将延续两年收费年限。

对此，我感到有些不满，便一纸诉状将执行收费的珠海市路桥管理处告上法庭。这一举动，还被不少网友誉为“勇士”“民间斗士”等。但一个多月后，我就无奈地选择撤诉，理由是“该案涉及的法律知识复杂，须再行研究”。当然，这难免让人心生疑虑，有人赞赏我“以退为进”，有人则斥责我是在“作秀”。

事实上，我撤诉的主要原因来自东莞律师的相同境遇。自2008年以来，东莞律师就一直在针对路桥通行费（即车辆年票）征收不合理一事，起诉东莞市公路桥梁收费所，但“先烈”律师在诉讼过程中两度被驳回，法院驳回的理由是车辆年票的收取属于行政事业性收费，若不合理，应先采取行政复议，而不是直接提起行政诉讼。显然，我如果始终坚持以相同的理由起诉的话，那么结果可能也不外乎如此，成为第二个“烈士”，然后车辆年票继续收，车主继续做冤大头，而诉讼最终变成一场无厘头的闹剧。

因此，关于路桥费一事，虽然后来低调结束，但无论如何，我认为，这个社会需要有人站出来，当这样的“斗士”。

➢ “折腾”是进步的动力

我曾因发起“个人集资建房”而声名鹊起，也因对珠海路桥管理处从起诉再到撤诉而引发争议。一直以来，我给他人留下的印象就是“折腾不休”，而这些“折腾”，有对困难群体的帮扶，有对公权力的挑战，当然也有“炒作”自己的嫌疑。但不管怎样，正如《南方都市报》曾评论的那样：“他的‘折腾’是草根以自己的方式来推动社会进步的一种利器。”

做好公益诉讼，既需要质朴的热情、胆识和正义感，更需要扎实的理论基础和机智的策略技巧，尤其是当前我国针对公益诉讼还未制定成文法之时。虽然有人质疑我是炒作、博赚眼球，但对于起诉后又撤诉的举动，我始终认为这是经过深思熟虑后的理性行为。

近年来，我国公益诉讼的显著特点集中体现为“三多”：第一，公益诉讼案件被拒绝受理得多，法院的受理范围较窄；第二，公益诉讼败诉多；第三，公益诉讼的投入资源和回报不成比例多。从价值取向来看，可以发现我国法院对公益诉讼的态度偏向于保守，而且有些被动和消极。也正因如此，作为律师，如何运用诉讼技巧，与法院在法律的框架下博弈，变得越来越重要。

从某种意义上来说，对于前述两事，我可能像堂吉诃德一样，是个失败者，但我亦坚信这是一种警醒者呼吁改变的行动，是一种坚韧的长期战斗的体现。作为老百姓，我们更期待的是，“理性的渐进的改变，合理的合法的维权”。

路桥通行费案的始末

（一）起诉[①]

2010年，我委托助理作为诉讼代理人，前往珠海市香洲区人民法院办理起诉珠海市路桥管理处行政事业性收费纠纷立案申请手续。原告是我，被告为珠海市路桥管理处。

在递交的《行政起诉状》中，我请求法院依法判令被告即珠海市路桥管理处退还已经收取的2010年1月1日—12月31日粤CD96××轿车（即林叔权本人用车）的“车辆通行费（年费）”1140元人民币。

2010年3月22日，我曾前往珠海市行政服务中心车辆通行费收费窗口缴款，当时并未看到收费窗口悬挂相关车辆年费收费许可证，工作人员也未告知。但因为不缴费，车辆无法年检，我当时也就没往心里去。

后来，我偶然听说珠海路桥通行费收费没有依据，便找到相关报道，并向律师孙农要了珠海市路桥管理处给其的复函进行核对。珠海市路桥管理处给律师孙农的复函中写道：“我市现在征收车辆通行费（年票）的依据是粤价函〔2009〕1100号。”对此，我认为该文件不是行政事业性收费许

① 部分内容参见张应昂：《路桥通行费的起诉与撤诉》，载《南方都市报》2010年4月7日。

可证，不能作为路桥管理处向包括我在内的珠海车主收费的依据。于是，我之所以提起诉讼，主要目的并不在于追回这1000多块钱年费，而是要追问这个费收得应不应该、合不合理。

➢ 15年大限已到，为何还收费？

自1994年起开始收费，截至2009年，达到了明文规定的15年的收费大限，不该再收费了。那么珠海市为何还能依据广东省物价局的批复函继续收费？理由何在？

珠海市路桥管理处回复：根据粤价函〔2009〕1100号文，11个公路项目将继续征收年费至2011年12月31日。该函于2009年12月24日发出，经广东省人民政府同意，珠海市继续试行车辆通行费年票制，试行期截至2011年12月31日。

此外，珠海市新增的5个收费还贷公路项目，绝大部分仍处于在建或前期准备阶段，那么未投入使用的公路，为何需要收费？依据在哪儿？

对此，珠海市路桥管理处回复：我市征收的车辆通行费是全市所有公路收费项目的综合收费，而不是就单个项目的收费。……2008—2010年经省审批新增5个收费还贷公路项目，总投资额约104.65亿元，预计增加还贷基数68亿元。其中，省道S272线白蕉至机场段已建成通车。

➢ 珠海年费与周边地区对比

1988—2003年，珠海陆续贷款21.5亿元人民币，分别修建了板樟山隧道和珠海大道等12个工程项目。为偿还贷款，从1994年7月起，在国内率先实行车辆年费制，规定市内10座以下的车辆无论是否营运，统一年费为3600元，所收费用除管理费外全部用于还贷。

近年来，虽然珠海针对小轿车的路桥隧道费在不断下调，即由2003年前的3000元/年降至1200元/年，但其在珠三角地区仍属收费最高的城市。2010年时，广州的年票收费为980元/年，潮州为650元/年，梅州为800元/年，中山为600元/年，佛山为840元/年。

（二）立案

➢ 增加一项诉讼请求

关于状告珠海市路桥管理处一事，我于2010年4月6日委托助理递交行政起诉状，之后于4月9日补充了一项诉讼请求，即“请求确认被告向原告收取粤CD96××轿车2010年1月1日至2010年12月31日‘车辆通行费（年费）’1140元人民币的具体行政行为违法”，并将此作为新的《行政起诉状》的首项诉讼请求。

几日后，香洲区人民法院将立案通知书［（2010）香行初字第45号］发给了我，其中显示“你诉‘珠海市路桥管理处交通行政征收’一案的起诉状已收到。经审查，起诉符合法定受理条件，本院决定立案审理”。

➢ 相信法院会公正审理

得知案件获立案后，我很高兴，因为这应验了我之前所说的法院会立案的判断。虽然珠海市路桥管理处背后是市政府，但我相信法律，相信我们的人民法院会公正审理，毕竟该案涉及珠海十几万车主的切身利益。

此外，我想借助此次诉讼，推动提升政府的依法行政能力和依法施政水平。特别是在涉及民生方面的行政事业性收费上，相关政府部门能够把法律依据研究透彻后再去实施。言至于此，也希望政府方面能主动叫停一些错误的施政政策和措施，以免浪费司法资源。就本案来讲，与其花大力气请辩护律师来打这样一场官司，不如在改进购买法律服务方面做努力，做好政策措施实施前的认证。

（三）反响①

➢ 车主反响

状告珠海市路桥管理处索退车辆通行年费一事，引发了珠海车主和网友的热烈响应。自2010年4月7日报道刊发之后，有关该事的信息就被珠海车友会、天涯等论坛广泛转载。网友的意见大概分为两类：一是支持我通过“民告官”的形式来维权；二是对此表示担心，理由无非是“民告官”多数惨淡收场。

据相关报道显示，部分市民对珠海居高不下的路桥通行费的征收也感到十分气恼，并表示：“新增的5个路桥项目投资总额100多亿元，预计增加还贷基数68亿元。而2007年前的11个贷款项目还贷基数总共才21亿元，车主就要交高于周边地区近一倍的年费，那新增的68亿元，我们车主何时熬到头？是否继续要交更加高昂的路桥费？”

➢ 专家说法

据相关系列报道显示，就状告珠海市路桥管理处索退2010年全年路桥通行费一事，广东省政府参事王则楚认为，收费公路用于还贷的收支情况重在公布公开，不能成为一笔糊涂账。珠海律师申请公开这些信息，并将

① 部分内容参见2010年4月15日、4月16日发表于《南方都市报》的系列报道。

收费缺乏合法依据的行为予以起诉，属于一种公益行为，应予以肯定。同时，作为对政府负有监督职能且有地方立法权的珠海市人大，应该立即着手成立特别调查委员会，针对珠海市路桥管理处在11个公路还贷项目已经还清且超过15年收费大限还继续收费一事，展开专门调查，形成调查报告，公之于众，还市民一个明明白白。

王则楚还建议，在开征燃油税后，为了更好地贯彻执行国务院《收费公路管理条例》，应该由各地的人大代表、政协委员组成监督小组，监督年票的还贷情况。每年向公众公布车辆通行费所收费用，公布还贷情况，严格控制收费成本，严格限制加入车辆通行费的新增项目，增加车辆通行费还贷项目必须公开举行听证，要坚决取消车辆通行费缴纳与车辆年审挂钩的制度，促进“还贷结束、还路桥于民”早日实现。

取消车辆通行费缴纳与车辆年审挂钩，是否会导致车主拖欠或不交车辆通行费？对此，王则楚认为，将二者挂钩显然是一种错误的逻辑，违背国家有关的法律法规。不交车辆通行费者，完全可以通过道路突击检查甚至高额罚款来约束车主的侥幸心理。但若将二者挂钩，不缴费便不能通过年审，则使得车主在那些不需要缴费的道路上也不能通行了。

➤ 应给予群众免费自由的路权

珠海市人大代表李健康长期关注珠海民生问题，素有“意见领袖”之誉，在得知质疑路桥收费一事从民众舆论升格进入司法程序后，李健康深表慰藉，“这说明司法机关不回避问题，正视民间的呼声，看到了‘法治珠海’的决心和希望”，是一个大进步。李健康认为，早期还贷收费是在政府财力不足的特定时期所采取的特殊举措，这原本就不是一种常态。在偿还贷款之后，路桥收费措施应该坚决予以取缔。从道义上来讲，给予群众免费自由的路权，是我国各级人民政府理应承担的义务和责任；从财政预算制度上来讲，公民和企业已经缴纳了各种税款并归于财政，相关政府就应该将还贷费用纳入财政预算，“还富于民”；从经济学的角度来看，政府财政增速一直攀升，“不能再放老百姓的血”。

➢ 是否继续收费该问人大意见

人大代表李健康认为，延长或者找各种理由变相延长路桥收费时间，这与《珠三角规划纲要》中的城市要素自由流通等要义不符，也与时任广东省委书记汪洋“要按市场经济要求建服务型政府”的要求不符。他呼吁，一定要坚决清除不合法不合理的规定，不能让老百姓寒心。

李健康还对路桥收费的行政程序进行表态。他认为，政府是行政部门，人大是立法部门，继续收费不是一个简单的问题，直接关联相关法律法规，这么重大的问题不能仅由政府部门“一锤定音”，起码应该征询人大立法部门的意见，由人大来定。

➢ 通行费的实质是隧道费

珠海市人大代表邹帅洲透露，目前通行费的征收依据，还是珠海市于1996年出台的文件中规定的“路桥、隧道费”。尽管有关部门称目前统一征收的是通行费，隧道费名目早已不存在。但1996年之后并没有出台新的文件，眼下车主交的“广东省车辆通行费”，实际上就是原来的“路桥、隧道费”。

个人合作建房，种下希望，收获寂寞

（一）“个人合作建房”始末[①]

据报道显示，2006年11月20日，“珠海所有想实现‘居者有其屋’甚至是‘居者优其屋’梦想而又不想远到斗门和坦洲置业的朋友们，加入珠海‘个人合作建房’！”出现在珠海一家房产专业网站的论坛。

2007年1月23日，包括我在内的七位发起人共同签署合作协议，争取进一步成立公司、拿到土地、募集资金，宣告珠海“个人合作建房”进入正式实施阶段。

2007年1月，珠海市“两会”举行期间，有提案请求珠海市政府支持“个人合作建房”。

2007年6月25日，商业银行成为珠海“个人合作建房”的“资金监管方”。

2007年9月11日，由于前期准备仓促、报名人数不足等原因，原本准备竞投香洲区拱北夏湾宝珠新村27栋现楼的珠海个人合作建房者，无法参加当天举行的竞拍会。

① 部分内容参见2007年9月11日发表于《珠江晚报》的报道。

珠海“个人合作建房”首次正式试水，即宣告结束。

➢ 幸福指数的定心石

随着全国楼市不断高涨，各地风起云涌般地出现了“个人合作建房”浪潮，试图在开发房地产之外开辟“另一条道路”，而珠海也于2006年年底掀起了一场“个人合作建房”运动。

“个人合作建房”运动尽管遭遇了挫折，但其向社会凸显了城市“夹心层”住房困难这一问题，就该层面而言，“个人合作建房”取得了自己的胜利。

面对高涨的房价，“居者有其屋”无疑成为一种奢侈的幸福。

作为发起人之一，我认为珠海“个人合作建房”虽然没有合作建起一栋房，甚至没有合作拍下一套房，但它实际上并没有失败，其已经达到了发起的初衷——让政府知道许多老百姓买不起房。

珠海“个人合作建房”主要针对的是城市中产阶层。在我看来，作为“夹心层”，城市中产阶层既买不起商品房，又不是经济适用房和廉租房等保障性住房的对象。而此次“个人合作建房”运动，就是要反映这部分人的心声。如今政府重视解决中产阶层的住房问题，我认为，这其中必然有全国各地风起云涌的“个人合作建房”的功劳。

➢ 不是一个人在战斗

珠海“个人合作建房”一经提出，就引起了众多珠海市民的关注。前后有几百人表示要加入珠海“个人合作建房”。2007年珠海“两会”举行期间，还有政协委员和人大代表提出相关议案和提案，请求珠海市政府支持“个人合作建房”。

由此可以看出，“个人合作建房”并不是一个人在战斗，它反映了大家共同的心声。

➢ 寂寞中无奈落幕

2007年6月25日，珠海个人合作建房者与珠海市商业银行签订资金监管协议，商业银行成为珠海“个人合作建房”的“资金监管方”。

根据协议，在珠海“个人合作建房”过程中，银行方在得到个人合作建房参与者和发起人团队的共同约定和授权后，应协助计划完成资金的冻结、划拨和结算。

通过该资金监管协议后，珠海“个人合作建房”试图在广州、深圳等地“合作拍房”。

2007年9月11日，发起人本来有望写下珠海“个人合作建房”的重要一页——联合竞投拱北夏湾宝珠新村27栋现楼，但这一天注定是灰暗的，由于前期准备仓促、报名人数不足，该运动最终无法顺利“起航”。

于是，这一曾经引起无数人关注的合作建房运动，便在寂寞中无奈落幕。

（二）珠海“合作拍房”项目“流产”背后的故事[①]

由于前期准备仓促、报名人数不足等原因，珠海个人合作建房者将无法参加竞拍会，导致珠海首个个人“合作拍房”项目宣告流产！

➢ 人数不足“拍房”流产

据了解，广州、深圳等大城市的“个人合作建房”最终都以“合作拍

① 部分内容参见2007年9月11日发表于《珠江晚报》的报道。

房”形式出现，因而珠海的“个人合作建房”也进行了同样的尝试。珠海个人合作建房者相中的建筑是位于宝珠新村的一栋七层楼高的二手楼，该楼于 1994 年入住，除 1622. 64 平方米的住宅建筑外，还配套有 175. 46 平方米的单车房（共 14 套房外加一个车库）。该处房产竞拍的起价为 489 万元，单价约为 3013 元/平方米。

2007 年 9 月 8 日，发起人召集了所有报名者开了碰头会。当时，大部分参与者都选择 2 楼以上 6 楼以下的楼层，也就是说，6 楼和 7 楼共四套房基本没有人要！而在人数不足的情况下，如果真的要拍下这栋楼，那么意味着几个发起人必须自掏腰包，先把 6 楼和 7 楼的四套房拍下来，之后再进行二次转手。

这些和发起人签订意向书的报名者中，以退休老人或工作了五六年时间的社会中坚阶层居多，他们大多是为了解决自住需求。此外，当时他们的心理承受价位最高是 4200 元/平方米，而按这样的价位，如果人数足够的话，大家完全有信心把楼拿下。

➢ “个人合作建房”可以“市场化”吗？

虽然珠海的“个人合作建房”刚开始就“胎死腹中”，但并不代表这一脚步就会因此停下。这一次“流产”的原因，其实主要是我们前期的准备不够充分，在现实中的确还有很多瓶颈制约。比如，当时相关规定要求若干名自然人共同委托一名代理人参与项目竞拍，那么意味着最终每家拿到的房产证上会有若干个人的名字。对此，亟需相关部门简化手续，从而为这样的项目提供便利。

另外，在我看来，之后珠海的合作建房、拍房必须朝着“专业化、市场化、非业余化”的方向发展，不仅可以成立专门的公司，收取适当的手续费用作为补偿，还可以引进专业的地产人士进行项目操作。至于我，则可以退居其次，提供相应的法律保障工作。

➢ 地产人士不看好此举

对于“个人合作建房”，理念虽好，但现实可行性难免受人质疑。据报道显示，某房产界人士并不看好“合作建房”的操作，其理由在于“参与者都是中低收入者，到时候要真拍下地，工作和生活这两处距离这么远，实在不方便”。

同时，该人士认为当时全国尚没有一例“个人合作建房”的成功案例，从且珠海的发展形势来看，这种“个人合作建房”项目失败的可能性大于成功的可能性。

对此，个人认为，这毕竟是一种新生事物，法律上也没有禁止，希望社会能抱着一个宽容的心态去对待和支持。

（三）珠海两会：“个人合作建房”要靠政府牵头[①]

➢ 离不开政府牵头

2006年年底，珠海发起“个人合作建房”后，珠海市人大代表刘秋林和政协委员李志康在“两会”期间，分别就此提出议案和提案，请求政府支持“个人合作建房”。

人大代表刘秋林在议案中认为，珠海作为经济特区已走过了20多年，过去许多我们引以为傲的优势如今不再，投资成本和生活成本不断升高，

---

① 部分内容参见胡明发、胡群芳：《珠海两会：个人合作建房归根结底要靠政府牵头》，载《南方都市报》2007年1月26日。

与国内其他地区相比，已无优势可言。对投资者和创业者来说，生活成本与投资成本的高低都是要考虑的重要因素。高企的房价当然会吓退和“逼”走一部分投资者和创业者。

他认为，如果能够通过“个人合作建房”模式达到解决个人住房问题的目标，这无疑能为珠海市营造一个更好的投资环境，为创业者营造一片更和谐的创业天地。

那么，如何推动政府支持“个人合作建房”呢？刘秋林认为，政府对其应给予切实的支持，在购买土地、办理规划等方面给予优惠和提供方便。特别是在税收方面，由于“个人合作建房”是合作者自己出资建房供自己居住，没有房屋销售的行为，应属于合作消费性质。它不同于房地产商对房屋进行销售营利的行为，因此个人建议，在办理产权证时，应给予免交营业税、交易费等税费优惠。

他同时认为，政府对这一行为给予关注和肯定的同时，还需进行必要的引导和规范，以确保个人合作建房行为在合法、安全的前提下有序地进行。

此外，对于“个人合作建房”存在的问题，珠海市政协委员李志康认为，首先是政府态度。虽然“个人合作建房”在国家文件中已经有所提及，具有一定的依据，但是作为老百姓，要集资建房，还是要看政府的态度。只有经过政府确认，态度明朗，确定了相关政策和协助措施，老百姓才敢放心去做。其次就是集资问题，这个是比较棘手的，老百姓要得到保障，归根结底还是要靠政府来出谋划策。

李志康认为，“个人合作建房”这件事应由政府来牵头，要实现“居者有其屋”，政府就必须采取积极的态度。只有政府能大胆地给予支持，如在税收、地价及金融方面制定相对宽松的优惠政策，还能够研究出一套严密的措施来解决集资问题，以确保集资者的诚信，那么对于社会大众来说，这就是一件天大的好事。

另外，对于如何看待“个人合作建房”，珠海市房产主管部门有关领导表示，目前国家还没有相关政策，一切须根据国家相关法规来具体执行。

房产专家潘蜀健教授认为，“个人合作建房”作为新生事物，有其积极的一面，即证明了房地产开发中存在超额利润，房价不断上涨，许多人买不起商品房，就吸引了更多人去关注这一新生事物。从目前来看，“个人合作建房”还面临许多困难，拿到土地比较困难，同时个人集资也存在很大风险，特别是房产证的问题很难解决。

➢ 支持与质疑并存

这是珠海第一次有人公开提议发起“个人合作建房”，一石激起千层浪，支持、质疑，不同的声音纷至沓来。

许多市民表示，在房价不断上涨的今天，除了可以降低房价，“个人合作建房”还可避免受制于开发商，减少物业等方面的矛盾，如果珠海真的发起“个人合作建房”，自己可能会加入。同时，许多市民表示了自己的担忧，“担心会被骗”。

一位房地产专业人士认为，不同于北京、广州、深圳以及温州等高房价的城市，珠海没有“个人合作建房”的土壤，因为通过“个人合作建房”建成后的房价比现在的市场价格不会低多少，同时还有很大的风险。

➢ 可聘请专业人士做顾问

2006年11月15日，温州“个人合作建房”成功拍得土地后，温州成了全国“个人合作建房”运动的先行者，各地纷纷前往取经。因而，作为一名律师，我虽然没有房地产开发的经验，但为了证明自己不是“玩票”的，我和另一发起人曾于同年 12 月初赴温州“取经”。

对于珠海究竟是否存在“个人合作建房”的土壤，温州“个人合作建房”的领军人物建议我们邀请专业人士进行建设成本等方面的计算，看看建成后的房价能比市场价格低出多少。据其介绍，之所以许多温州人挤破头都想加入“个人合作建房”，就是因为拍的地段建成后的房价比同等地段商品房价格要低 30%。

温州一行让我们认识到，盖房子不是闹着玩的，必须有专业人士参与。由此，在珠海“个人合作建房”发起人协议中，我们特别约定了“聘请珠海顾问团成员”。

另外，在温州取经后不久，深圳“个人合作建房”取得的突破也再次让我们看到了榜样的力量。2006 年 12 月 22 日，经过十几轮并不激烈的举牌竞买，深圳 81 名集资建房者成功拍得一处宿舍楼，以有别于温州“买地建房”的方式，实现了自己的置业梦。

于是，在看到上述先行者们的成功案例后，不禁令人反思，到底应该选择温州“买地建房”模式，还是深圳“合作买房”模式？“个人合作建房”究竟应该是什么样子？这些问题成为我们这群珠海个人合作建房者关注的重要方面。

混迹于地产界的律师[①]

作为律师，虽然我在刚入行三四年的时候，并不如何资深，但作为一名专攻房地产方向的律师，我却称得上是珠海主流媒体的“座上宾”，一时风头正盛，名声显赫。在他人看来，我这个混迹于地产界的律师，应该多少有点过人之处。

➤ 有国企老总背景的律师

初听国企老总，难免让人想起张瑞敏、王石等人，然而我却没那么幸运。在我担任珠海经济特区发展公司下属公司的董事兼副总经理的时候，公司已经在走下坡路，跟很多没落的国企一样，处于“关停并转”状态。

那时我主要负责公司的企业管理和项目管理，可由于体制和其他一些原因，我也回天乏力，因无多少事可做，便开始为自己谋生计。

做什么？经过了较长时间的困惑后，我最终选择了做律师，并且专攻房地产方向，当时我的预感是“这个行业会比较吃香”。

2003 年，37 岁的我，经过 9 个多月的学习，一次性通过了司法考试。坦白来讲，这门考试实在是难，要学习 15 门课，考 4 份卷子，对我这个当

① 本文部分内容参见肖旭升：《混迹于地产界的律师》，载珠海房产之窗，2006 年 5 月 22 日。

时年近40岁的人来说，无疑有些迟。但皇天不负有心人，我最终坚持下来了。格力原董事长朱江洪说过："市场永远没有迟到者。"这句话对我激励很大，以至于我在这个年纪步入律师行业时，依旧很有信心。

于是，2004年下半年，我正式开始了自己的律师生涯。

➢ 律师眼里的宏观调控

调控又来了，当所有关注的人都在揣测调控影响力的时候，媒体自然也不甘示弱。我频繁受到媒体的采访邀请，让我谈谈关于房地产市场宏观调控的一些看法。

我认为，调控房地产要靠法律，而不能光靠政策。2005—2006年已经出台了很多措施，一旦没效果，就不免让人失望。老百姓对调控的看法是"光打雷不下雨"，开发商则以为不会拿他们开刀。调控首先应对商品房价格进行立法，其他的商品都能定价，为何商品房就不能？比如我们的物业管理收费，就定得较严格，什么级别的物业对于每平方米该收多少钱，都有较明确的限制，可是商品房却没有，商品房的价格由开发商说了算，这是不合理的。因此，必须对价格进行立法，否则调控难以发挥应有的作用。

另外，当前的土地出让和招拍挂制度也是有问题的。土地拍卖时并无限价，也没有上限，只见开发商举牌，土地的价格就能不断地飙升，而在地价不断上涨的情况下，房价怎么可能不涨，但是限价与拍卖之间又是矛盾的，所以也必须出台相关的法规以进行协调。

至于有关房地产开发的门槛问题，个人认为，做房地产生意的门槛太高，但事实上很低。按照当时的规定，只要几百万元就能从事开发，并且房子建好后就可以销售，不用投入多少，做开发商会相对容易些。当然，开发商也有难处，那就是得想方设法地拿到土地。只要拿到土地，就没有太大的难事了。

说到底，政策的落实还是要依靠法律。虽然有政策，但如果地方政府不积极落实，那也是白费功夫，所以必须有法律保证，在政策的落实上推行问责制，用法律来监督政府的行为。

➢ 对门槛的深恶痛绝

虽然我经常提到“门槛”一词，但我对它却深恶痛绝。

很多学者和专家都曾指出，珠海房地产中介市场的进入门槛太低，建议应提高门槛。但在我看来，则恰恰相反，因为对中介市场设立门槛，是没有意义的。看看当前的中介市场有多少人，一旦设立门槛将有多少人会失业？当前有关中介市场的很多法律法规其实是不健全的，市场有些混乱，但因为混乱就提高门槛的做法并不可取。

很多中介公司为了提高自己的营业额，便不断地招收业务员，去帮忙寻找房源和客户，但事实上从事这样的工作根本不需要太多的专业知识，也没有必要用房地产经纪人资格证等予以约束。因此，个人认为，真正有效的手段应该还是靠市场，很多大城市的中介市场是比较完善的，为什么？规模经营。珠海必须崛起一些有实力的公司，树立自己的品牌并用自己的模式去逐渐影响整个市场。当然，这个过程需要一定的时间。

另外，值得注意的是，2006 年时政府对业主委员会的门槛设置太高。2003 年，国务院出台的《物业管理条例》规定：一个物业管理区域成立一个业主大会；业主大会由物业管理区域内的全体业主组成；业主大会的成立和业主委员会的选举须由物业所在地的区、县人民政府房地产行政主管部门进行指导。但是，该条例并未明确规定业主大会成立的条件。业主大会的成立条件和业主大会章程由各地自行规定。而各地自行规定的业主大会的成立条件都较高，且一般都规定由建设单位、前期物业管理企业、政府房地产行政主管部门和街道办事处启动业主大会工作（筹备或召集），基本排除了业主自行启动业主大会成立程序的可能。

门槛过高造成小区建立业主委员会的比例极低，业主无法自行行使小区物业管理权，小区长期处于前期物业管理状态，物业管理权长期由建设单位和前期物业管理企业把控。由此，造成物业管理纷争不断，业主集体维权事件经常上演。

而事实上，根据相关规定，只要有10个人就应该成立业主委员会。

➢ 为中介正名

我的主要业务方向是房地产，是珠海多家物业代理公司的法律顾问。根据工作经验，我认为应该为中介说句公道话。

过去对于珠海的中介市场，很多人的印象便是“吃差价”，这种现象难免，但没那么严重，很多时候其实是业主的误解。

事实上，中介合同有两种：一种是居间合同，在这种合同下，中介只收取代理费，不能够赚差价；另一种是行纪合同，这种合同是在有底价的前提下签订的。比如一个业主委托中介卖房，并且要求卖20万元，这种情况下容易出现所谓的“差价”，因为房子卖出时的价格一定会比业主托付的价格高，可这种情况下是无法指责中介公司的，你委托了一个价格，我卖多了就是我的，或者我们事先约定卖多了怎么分成，但你不能因为我卖多了就说我赚差价。如果在这种情况下，业主还说中介赚差价，这种心态就不应该了。

当然，作为物业代理公司也要注意，签订合同时应明确区别居间合同和行纪合同，这样就不用担心输官司了。

➢ 法律的威力有多大?

虽然房地产市场活跃时，难免容易起纠纷，但作为律师，我们就有了用武之地。

其实说到底，还是很多业主缺乏法律意识和法律服务消费观念，他们可以花几十万元去买房，却不肯花一两千元请律师帮他们对合同进行审查。等房子到手了，才发现这儿有问题，那儿有问题，便要维权，这时开发商不理，便去找政府，可政府哪里有那么多时间处理大量维权事件呢?

如果很多业主在一开始就想到找律师，根本就不会出现那么多问题。虽然法律未必可以解决所有问题，但至少可以帮助规避风险。无论是投资，还是自住，购房都是有风险的，还容易“伤筋动骨”，人们非得等到问题出来才去后悔吗?出问题的时候，还有很多人没想到法律途径，就有些可悲了。他们总指望着政府出面解决，可很多问题却是行政手段解决不了的，经济纠纷还是得由法律解决，但就是有人不明白。

➢ 经营自己

正如前面讲到的，在较短的时间内，我在房地产法律领域真正做到了名声在外。论及原因，主要在于我善于经营自己。

为了让更多的人知道自己，我甚至曾在报纸上自费打广告，自己租场地举办法律知识普及讲座。当时办讲座时，只有十六七个人去听，不过我依然坚持到最后，并且很有成就感，毕竟又多了十几个人认识了我林叔权，我也从中结识了两三个朋友。

而且一旦我要参加什么社会活动，就会复印一些自己的简介和部分作品，到现场派发，利用各种途径来宣传自己。

正因如此，珠海各主流媒体也就知道了我的大名。也因为我在这方面的确颇有研究，所以媒体经常会邀请我做法律顾问或者邀请我针对某个事件进行法律点评，于是我作为律师逐渐名声大噪。

在我看来，做一件事就得把它做好。那时我每天不仅要做自己的事，还得参加社会活动，有时候还得写文章。我平时很少娱乐，只是以前喜欢爬山，几乎每星期都会爬两三次，并且每次都会爬到山顶，而如今我更喜欢打高尔夫球。不过，即便工作繁忙，我也觉得很开心，无论吃饭也好，做运动也罢，只要我用自己的方式让自己愉悦了，那就够了，我的工作能让我愉悦，我自己就不会觉得闷。这是自己喜欢做的事，又能帮助别人，何乐而不为呢?

作为律师，我很努力地做着自己的事，努力地经营自己，争取获得更多人的认可。

天道酬勤，坚持就会有回报[①]

从知名度来讲，2010 年时，我自认为已经算得上是珠海的“名人”了。我担任多家政府机关、社会团体的法律顾问，报纸上也经常能看见我的大名，电视台的法制节目里也时不时出现我的身影。节目中，我不是在点评某一典型案例，就是在参与讨论某一民生热点话题，甚至有媒体人士称我为“珠海民间时事评论员”。

曾经有多次，我乘坐出租车，刚和司机聊起天，司机便问：“您不是经常在电台里做法律节目的那个林律师吗?”

有一次，我参加珠海市关爱协会举办的考察活动时，待我刚自报家门，前来接待的企业老总便惊呼：“您就是啊，经常听到您的大名，这下总算见到真人了!”而我能够担任日资企业珠海保税区西尾食品有限公司的法律顾问，也正是由于我的“粉丝”（该公司的人力资源总监）的引荐与推崇，才获得日本老板的认可。

说到这些，可能很容易让人以为我当时已是一位从业多年的资深律师，但事实上，2004 年下半年，我才正式开始自己的律师生涯，那一年我已 38 岁。

① 本文部分内容参见邱娟：《天道酬勤，坚持就会有回报》，载珠海市关爱协会官网，2010 年 9 月 28 日。

➢ 转行做律师，为了60岁以后还有事做

从国企高管到律师，这个转折确实有点儿突兀。但是，我的经历也恰好印证了很多福建人所推崇的那句话——“爱拼才会赢”！

其实选择转行，实属无奈之举！我工作了10余年的这家国企跟很多没落的国企一样，关停并转了。当时，我正当壮年，本该是事业蒸蒸日上的时候，却不得不面临重新选择的问题。我也尝试过自己创业，搞过不少行当，用尽了工作十几年所积累下来的“子弹”，但最终都没有成功地将老板做到底。

之所以选择律师这个职业，首要理由是不想成为“四十、五十现象”（社会上很多人到了四五十岁，由于没有工作、没有事业而彷徨）中的一员，其次是为了60岁以后还有事做。律师像中医，是个越老越吃香的职业。因此，坚信“爱拼才会赢”、坚信天道酬勤的我，最终选择了这个职业挑战，用时9个多月，学习15门课程，一次性跨过了号称“中国第一考”的司法考试大门，顺利地从一位法律的门外汉跻身律师行列。

孔子曰：“四十五十而无闻焉，斯亦不足畏也已。”我相信，只要用心、勤奋、坚持，市场就永远没有迟到者。除了从事日常的律师工作，我几乎把所有时间都投入读书、看报、交流、学习、运动、做公益中，并笔耕不辍。我有自己的愉悦方式和休息调整方式，而且繁忙的工作也能让我愉悦，既做自己喜欢的事情，又能帮助别人，何乐而不为？

➢ 经营自己，有人认可即是回报

刚转行做律师时，我面临的首要问题就是：怎么做律师？从哪里找业务？

做律师，就要有业务，业务上门是基于别人对律师的认可。那时我经过反复思考，觉得首先需要让以前认识我的人知道我转行做了律师。这个比较容易，比如通过各种方式联系熟人，广而告之就是了。但是，我始终觉得仅此还不够，还必须让更多的人知道珠海有个林叔权律师。

为了让更多的人知道自己，我抓住一切机会参加社会活动，在电视台、电台做评论嘉宾，为《南方都市报》《珠海特区报》《珠江晚报》等媒体做律师点评，担任珠海市民营企业商会等社会组织的法律顾问，举办免费的法律知识讲座，出版案例点评文集……总之，只要有人打电话来说在哪里看到我的文章和点评，或者说又在电视上看到我了，在电台听到我的声音了，都会让我很有成就感。我坚信只要付出并坚持下去，总会有回报的！

正因为如此，我逐渐为珠海各大媒体所熟知，频频出现在珠海报纸、电台、电视台多个栏目、节目，以嘉宾身份就市民关心的热点问题提供法律方面的分析、意见和建议。一时间我的知名度持续上升，成为珠海比较有名的“法律人”。

尤其值得一提的是，2006年年底至2007年上半年，作为珠海“个人合作建房”的首席发起人，我在很短时间内争取到几百人的支持，更是让我一度成为珠海各大媒体争相报道的对象，我在珠海房产之窗网站的博客点击率也一直位居榜首。虽然时下“个人合作建房”已经偃旗息鼓，但我认为，正是因为有我和伙伴们的举动，才有今日国家房地产政策的转型及房地产市场的转向。

有人会质疑，用这些方式让别人认识自己，是否过于张扬？对此，我其实不以为然，在我看来，一个人怎么做主要决定于他是做什么的，希望达到什么效果。作为律师，如果你拒绝别人认识你，那么就是拒绝在他们需要的时候，向他们提供帮忙的机会。

诚恳地说，我并不是沽名钓誉之徒，也不浮躁、不浮夸，我实实在在地做事。我的座右铭是做好人，做好事，做好律师，办好事！

➤ 热心公益，用法律知识服务社会

通常在我的办公室内，书桌上、书橱内，随处可见各类聘书，如珠海市农贸市场整治专项工作法律顾问、珠海市民营企业商会法律顾问、珠海市总工会法律工作顾问团成员、珠海市消费者委员会律师团律师、香洲区仲裁委员会仲裁员、珠海市房地产经纪人行业协会法律顾问团团长等，诸多职位都需要我免费提供法律服务。此外，我还参加一些法律栏目，受邀为点评嘉宾。这些公益性事务都不可避免地需要花费大量的时间和精力，而这是否会影响我的律师事务呢？

对于这一点，我认为它们都是相辅相成、相互促进的。何况通过这些，我能接触各个层面，碰到各种社会问题，了解了法律方面的空白和不足，锻炼了我观察问题、思考问题的能力，这些都有助于我做一名好律师，并最终成为一名成功的律师。同时，值得明确的是，我并不是单打独斗，我有一个律师团队，一个专业且善于服务的团队。

而之所以把普及法律知识作为我的一项重要的公益活动，很重要的一个原因是很多老百姓的法律知识淡薄，不能提前规避风险，如果他们事前能够意识到找律师咨询，采取一些规避的手段，那么有时完全可以避免后来的损失。

过去，作为珠海市关爱协会创会会员、理事和珠海市关爱协会专家团成员，我曾积极参与协会组织的公益性法律普及活动。比如，2008 年 9 月，我参与了民建珠海市委和珠海市关爱协会联合组织的“专家送法进校园”活动，为珠海市紫荆中学 2000 余名中学生上了一堂深入浅出的法律知识普及课，深受师生们好评。

天道酬勤，坚持就有回报！我的律师之道和公益之行仍在继续……

关注立法、参与立法

(一)《珠海市物业管理条例》[①] 将成为业主权益保护法[②]

《珠海市物业管理条例》(征求意见稿)(以下简称《条例》)分别于2007年2月5日、2月10日在珠海人大网、《珠海特区报》全文发布，公开征求意见。《条例》发布之后，恰逢十届全国人大五次会议召开，中国立法史上审议次数最多(七审)的《中华人民共和国物权法》(以下简称《物权法》)[③] 有望获得大会通过，业主权利即业主建筑物区分所有权将得以正式确立。在此之际，我作为珠海市消费者委员会律师顾问团成员、房地产法律专业人士，就《条例》的修订提出了如下建议。

➢ 《条例》的修订是关系珠海民生及社会和谐的大事

在《物权法》即将正式确立业主权利之际，《条例》第1条中“维护业主和物业管理企业的合法权益”的表述还应当斟酌。也就是说，《条例》的修订必须突出和加强对业主权益的保护，使之成为业主维护其在物业管理

---

① 本文写作于2007年《条例》征求意见期间，目前该条例已失效。

② 部分内容参见刘翱:《〈珠海市物业管理条例〉将成为业主权益保护法》，载《珠海特区报》2007年3月8日。

③ 《物权法》已于2021年1月1日起失效。

领域合法权益的保护法。

在现阶段，相对于物业管理企业来说，业主是弱势群体，这主要是因为在业主与物业管理企业之间形成的物业管理合同关系中，业主往往处于相对弱势的地位，主要表现在业主对物业管理合同的订立严重缺乏话事权。在前期物业管理时期（即业主委员会成立之前），许多小区选聘物业管理企业是由开发商越俎代庖预先确定的。而在业主委员会成立之后，由于其法律地位未确立，没有相关的业主委员会组织法予以制约，所产生的业主委员会普遍缺乏公信力，难以代表全体业主的利益。在选聘物业管理企业时，“黑箱”操作的概率也极高，业主的利益经常被业主委员会损害。

物业管理企业在物业管理活动中通常处于强势地位，这是由于多数物业管理企业是开发商的关联企业，先天性地具有强势性。这种“先天性”使得物业管理企业在取得物业管理权中处于一种“先占”的态势。尤其是在业主委员会成立之前，这种“先天性”使得业主丧失了自主选聘物业管理企业的权利。而且物业管理企业是企业法人，它的权益已经受到《公司法》等大量民商法律法规的保障，完全没有必要再通过《条例》这样的地方性、专门性的法规给予特别的权益保护。

为此，《条例》的修订要处处体现对业主权利的保护，并在一定程度上限制物业管理企业的强势地位，这样才能从根本上解决当前物业管理领域中存在的种种矛盾和问题。

《条例》中多条规定均赋予社区居民委员会对住宅小区物业管理工作进行指导、监督的职能，这使居民委员会的社区管理职能延伸至业主的物业管理权。对此，我认为，这些规定为社区居民委员会不恰当地干预和妨碍业主对物权（房屋所有权）的行使创造了机会。社区居民委员会行使社区管理职能和业主行使物业管理权的性质是完全不同的，不可混淆。根据物权法原理，只有物业所有权人才享有对自己的物业（包括专有部分和共有部分）的占有、使用和处分权。业主大会及业主委员会的活动属于业主行使物权（包括物业所有权和管理权）。因而，社区居民委员会对社区公共事务的管理职能不能涵盖业主的物业所有权及物业管理权，也就是说，其社区管理权不能及于社区内业主的物权。而如果《条例》赋予社区居民委员会对业主大会活动的指导和监督职责，就等同于给予社区居民委员会干预和妨碍业主行使物权的权利。

私产保护是宪法原则，而平等保护私有财产也已经写入《物权法》草案中。由此，如果作为地方性行政法规的《条例》赋予社区居民委员会对辖区内的业主大会活动进行指导和监督的职能，则不论其如何符合现阶段的国情和珠海的“市情”，也不论其具有怎样的可操作性，都应在遵守宪法的基础上，体现公允性。

➢ 解决物业管理矛盾的出路

关于业主委员会和物业管理方面的规定，我认为应围绕使《条例》成为业主维护其在物业管理领域中合法权益的保护法来进行。这主要体现为以下两点：一是降低业主委员会成立的门槛，促使所有的住宅小区尽快普遍成立业主委员会；二是将向业主委员会整体移交住宅小区之前的物业管理权限赋予建设单位，其核心在于实施住宅小区的整体移交制度以及重构“前期物业管理制度”。

针对《条例》第9条和第10条①的规定，个人认为有以下不足：一是首次业主大会召开的条件过高，使房屋销售状况不佳的小区长期处于“前期物业管理时期”，先期入住业主的物业管理权长期被剥夺；二是业主大会召开使用的字眼是“可以”召开而不是“应当”召开，也就是说，业主大会要不要召开以及何时召开、业主委员会要不要成立及何时成立，是可以选择的。这样的规定势必造成有些小区长期不能召开业主大会，业主委员会迟迟不能成立，进而导致业主不能行使物业管理权，不能自主选聘物业管理企业。

在我看来，建设单位向小区业主整体移交后，建设单位才算完成了开发工作，而住宅小区的管理责任此时才能由建设单位转移至业主及业主委员会。业主委员会成立并自行选聘物业管理企业之前的小区物业管理必须由建设单位负责；在建设单位负责“前期物业管理”期间，业主不仅无须缴纳物业管理费，而且对建设单位所进行的物业管理行为有充分的监督权。

总体而言，要彻底解决前期物业管理时期存在的诸多问题，大幅度地减少业主与建设单位、业主与物业管理企业之间的矛盾和纠纷，其出路就在于住宅小区的整体移交制度的设立以及对前期物业管理制度的重构。在这方面，《条例》的修订还应当大胆创新，力求突破，以体现对业主权利的充分保护。

① 《条例》第9条和第10条规定了住宅小区召开首次业主大会会议、成立业主大会、选举产生业主委员会的条件：第一，房屋出售交付使用的建筑面积达到物业管理区域总建筑面积的50%以上；第二，首套房屋出售交付使用超过两年，交付使用的建筑面积达到物业管理区域总建筑面积的30%以上；第三，经交付使用建筑面积的全体业主户数的20%以上书面同意，业主可以采用书面方式向街道办事处（镇人民政府）提出召开首次业主大会的要求。

（二）《珠海市城中旧村更新实施细则（试行）》听证报告中，多条建议被采纳[①]

为了避免城中旧村改造成为烂尾项目，政府对改造主体设立了准入门槛，要求开发商在五年内不得有不良记录。珠海市城市更新管理办公室发布了关于《珠海市城中旧村更新实施细则（试行）》（以下简称《实施细则》）的听证报告，根据听证会上所反映的意见，对《实施细则》进行了多项修改。其中，作为律师，我的多条建议被采纳，具体如下所述。

第一，无不良记录方能参与开发。

在我看来，珠海在上一轮城中村改造过程中，最大的问题就是烂尾，烂尾给有关村民和群众带来非常大的痛苦，而新制定的《实施细则》，在如何防止项目烂尾方面，没有任何规定。由此，我建议可以对改造主体设立一定的准入门槛。

对此，珠海市城市更新管理办公室采纳了这方面的意见，具体体现为：在防止项目烂尾、保障过程质量方面增加了对市场主体的准入门槛设定，修改后的《实施细则》规定，参与城中村改造的市场主体，应当具备资金、设计、开发、市政配套等方面的综合能力，并且近五年内在珠海市不得存在欠缴地价、烂尾工程等不良记录。

第二，《实施细则》中未提及违法违章建筑的处理，建议补充。

我认为《实施细则》中仅针对合法产权房屋的补偿进行了规定，但对于违法产权房屋如何认定和补偿并无明确规定，因此建议明确相关内容。

对此，珠海市城市更新管理办公室作出如下调整：被征地农民享有的

① 部分内容参见蓝辉龙：《珠海市城市更新办公布关于〈城中旧村更新实施细则〉的听证报告，林叔权律师多条建议被采纳》，载《南方都市报》2014年4月23日。

未建设使用的报建指标、“两违”建筑的核定已列入房屋合法性认定工作范围，在政府部门核准后，由村集体经济组织在编制补偿安置方案时综合考虑，不宜在《实施细则》中具体限制。调整了房屋合法性认定适用依据，在珠府〔2008〕160号、珠府〔2012〕147号的基础上增加了相关规定，为今后相应政策调整、细化做好相应衔接。

第三，建议在公开表决环节引入公证机构、律师事务所等中介机构。

我认为，对公开表决的见证不宜由主管部门和属地政府负责，而是最好引入公证处、律师事务所等中介机构，它们具有较强的公信力。

对此，珠海市城市更新管理办公室作出如下调整：公开表决过程由公证处公证或律师事务所见证。表决结果由村集体经济组织进行公示。公示结果由属地镇人民政府（街道办事处）进行核实确认。

第四，建议在单元规划和拆迁补偿安置方案申报审核前，增加提交村民大会或者股东大会讨论、听取意见的环节，完善申报审核程序。

个人认为，单元规划和拆迁补偿安置方案先由政府审核认可，再交由村民大会或股东大会表决，将出现政府审核认可而村民大会或股东大会表决不通过的情况。由此，建议在申报审核前增加提交村民大会或者股东大会讨论、听取意见的程序。

对此，《实施细则》作出调整，即在单元规划和拆迁补偿安置方案申报审核前增加听取全体产权人意见的环节。对表决公示内容增加镇政府（街道办）为异议意见收集部门。

第五，我还提出多项具体建议，比如删除“城中旧村城市更新”中的“城市”二字，避免语义重复；将第12条中的“融资用地”单列，以免引起必须安排融资用地的误解；涉及公开表决的程序及规定内容存在含糊不清的情况，应重新进行梳理衔接；村集体经济发展物业内容界定含糊，应予以明确。

对此,《实施细则》作出相应的调整：将“城中旧村城市更新”简化为“城中旧村更新”；融资用地与其他三类用地区别开，避免强制安排融资用地的歧义；将原有村集体物业补偿安置和村集体经济发展物业予以区别，进一步明确10%的村集体经济发展物业保障不含原有村集体物业补偿安置内容；对表决公示部门、核准部门重新梳理对应明确。

中编

第三篇

那些直言直语和真知灼见

写在前面的话

勤奋、用心、坚持，是我成为成功律师、小有名气律师的法宝。十几年来，我勤奋地、用心地、持之以恒地借助媒体宣传和表达，从而成就了如今的自己。

除了日常的律师工作，我几乎把所有时间都投入读书、看报、学习、交流、开讲座、做公益中，并笔耕不辍。

这方面，从互联网“留痕”上可以证明。百度一下“林叔权”三个字，出来87万条搜索结果；百度一下“林叔权律师”五个字，出来93万条搜索结果。互联网时代下，我的律师生涯中的几乎所有的发声都在互联网留有痕迹，其中不乏真知灼见。现从中淘出一些，归集为本篇。

媒体助力我成为小有名气的律师，使我在一定范围内成为“公众人物”。我有机会在比较长的时间内尽情享受成为“公众人物”的过程及结果的快乐。

当然，在过去的律师生涯中，我以“律师点评”“律师意见”等形式，不断通过参加媒体访谈、电台节目以及写文章等方式发声，大多数是直言直语，为社会贡献了不少真知灼见。难能可贵的是，这些意见、观点，即便现在读来，仍具有一定的价值。

遗憾的是，我在电视、电台上的亮相、发声，基本上都没有收集储存下来，其中的直言直语、真知灼见其实更多。这些不能在本书中呈现、记录，实在可惜了！

十几年来，我在媒体上发声多，在互联网上留痕多，但限于本书篇幅，不可能把所有的直言直语、真知灼见都收录下来，在此仅收录九篇。为了帮助读者了解选择它们的理由，简述如下。

《别再“心有不甘”了，生存才是硬道理》：金融风险一直是中国经济发展中最有可能出现的“灰犀牛”，之前是，现在也是，但希望未来不是。银行是我最讨厌去的地方，因为都“霸王”，都唯利是图，都“势利眼”！而今时今日，仍然本性难移。

《如何在改造过程中体现公平性，是政府要考虑的问题》：老旧小区的改造已经由试点变为城市更新的重要组成部分。但是，其中存在着太多可以挑刺儿的地方，而如何体现公平性是其中最重要的问题。因为老旧小区的改造，动用了财政资金等公共资源；在很多时候，这些改造工程又成为某些部门、某些官员的政绩工程。只有解决了公平性问题，才能杜绝权力在这个领域内寻租。

《主要靠行业自救，政府不应过多干预》：网约车合法化已经成为事实，传统的出租车行业遭遇网约车的冲击的阵痛已经过去。现阶段，政府既是规则制定者，也是资源掌控者。任何传统行业在遭遇新经济、新业态的挑战、冲击时，自救是必需的，因为世界上确实没有救世主。但是，现实中只靠自救的话，结果可能只有死路一条。所以，与时俱进，纠正一下“主要靠行业自救，政府不应过多干预”的观点。

《政府不可任性》：这里的“政府”二字，用得有点儿不准确，欠妥。应该是某任性的政府部门和某些任性的公职人员。

《整治违规户外广告，必须杜绝权力寻租和选择性执法》：杜绝权力寻租和选择性执法，是现代社会永恒的课题。

《公立医院回归公益性》：公立医院如果也变成“莆田系”那样的市场化，那么“看病难”“看病贵”就可能成为永远的难题了！

《人才不应与低收入者争利》：人才与低收入者争利，在过去是一种客观存在，估计未来同样也会是一种客观存在。人才该不该与低收入者争利，见仁见智。追求公平是人类的共同理想，而现实很骨感。在初级阶段，普罗大众、芸芸众生，学会容忍不公，学会与种种不公和平共处，也是应有的美德。

《〈劳动合同法〉将改变职场生态》：1994年出台的《中华人民共和国劳动法》（以下简称《劳动法》）虽然也改变了职场生态，但是其所带来的改变，无论从深度还是广度看，都没有2008年出台的《中华人民共和国劳动合同法》（以下简称《劳动合同法》）深刻。《劳动合同法》自出台那天，就遭受劳动关系的“甲方”的种种非议，修法的呼吁此起彼伏，从未中断和消失。但是，立法机关非常有定力，任尔东西南北风，它自岿然不动。

《出租车公司无权让司机交违约金》：当被拒载、绕道时，我恨出租车司机。但是，看到出租车司机除了交份子钱，还被要求交违约金时，我还是想挺身而出，为他们打抱不平。

别再“心有不甘”了，生存才是硬道理①

2007年4月初，关于银行业的“重磅”消息接踵而至，最引人注目的有两条：一是汇丰、渣打、花旗、东亚四家外资银行在中国设立的100多个网点同时开业，外资银行“抢滩”正式开始；二是中国银行业协会自行叫停饱受非议、诟病多多的跨行查询费。前一条消息叫作“狼来了”，后一条叫作“自行了断”。“狼来了”开启了中资银行“与狼共舞”的时代，“自行了断”预示着中资银行为了“与狼共舞”而开始进行“自我救赎”。

2006年6月1日起，五大中资银行抛出诸如国际惯例论、跨行查询成本论之类的理由，开始征收跨行查询费。面对公众极尽诟病的口水，面对人大代表多次提议叫停，五大银行却独自岿然不动。如今中资银行却“自行了断”，叫停了跨行查询费。

从中国银行业协会叫停跨行查询费的新闻报道的字里行间，我们可以读出中资银行要表达的两层意思：“心有不甘”和“良心发现”。有关报道中写道，“近期，根据市场反应，经过中国银行业协会自律工作委员会协调，各家商业银行坚持从‘以客户为中心’的角度出发”，隐隐向我等消费者暗示银行自行叫停跨行查询费有些“心有不甘”；而后他们将话锋一

① 参见林叔权：《别再心有不甘了生存才是硬道理》，载《珠海特区报》2007年4月7日。

转——“考虑到当前还有相当多的中低收入群体，为减轻持卡人负担，服务社会大众，表示愿意承担相应的社会责任和义务，同意免费向持卡人提供人民币银行卡境内 ATM 跨行查询服务”——这是向世人昭示他们的“良心发现”。

本来如果没有前半段话，我等消费者还真以为中资银行“良心发现”了；可是，有了前半段话，尤其是“根据市场反应”和“坚持从‘以客户为中心’的角度出发”，将中资银行面对“狼来了”而不得不对某些“霸王收费”措施予以“自行了断”但又“心有不甘”的心态暴露无遗。

在外资银行“抢滩”中国市场伊始，中资银行就自行叫停跨行查询费，只能说这是中资银行为了“与狼共舞”而开始进行的“自我救赎”。对中资银行而言，“狼来了”意味着要开始面对前所未有的竞争压力。面对外资银行在金融创新能力和服务水准上的强大优势，面对为数众多的、长期被强制买单的消费者可能会投入外资银行“群狼”的怀抱，中资银行当然无法安之若素，自然要叫停跨行查询费等“霸王收费”措施，开始“自我救赎”。

现在，外资银行“群狼”来了，意味着银行业固有的垄断格局将逐步被打破。而垄断格局一旦被打破，先前的垄断者就只能无奈地放下傲慢的身段，善待消费者。

叫停跨行查询收费，仅仅是中资银行进行“自我救赎”的开始，有些“心有不甘”是可以理解的。然而，中资银行还存在着其他各种名目繁多的不合理收费，诸如银行卡年费、小额账户管理费等；此外，还有排队等候时间长、服务水平差等令消费者头疼的痼疾。这一切都等着中资银行“自我救赎”呢！因此，别再“心有不甘”了，生存才是硬道理！

如何在改造过程中体现公平性，是政府要考虑的问题[①]

2013年，珠海城区首次大规模改造老旧小区，成了大家重点关注的话题。怎么改？如何改？效果怎么样？会不会只是“春风一阵”？未来出现的老旧小区怎么办？这些问题，既值得探讨，也是大家迫切需要得到答案的。

为此，《南方都市报》曾以“新闻会客厅”的节目形式，邀请老旧小区居民、政府部门及包括我在内的社会人士参与讨论，提出见解，也答疑解惑。

➤ 改造项目，应按小区情况制定

为响应创建文明城市的号召，加强城市维护，珠海市香洲区投入上千万元对首批101个老旧小区优先改造，改造内容包括道路、排水、管线等基础设施，也包括岗亭、监控、消火栓等“四防”硬件。对于这样的改造，是否充分，人们提出了不同见解。

有人认为，这非常必要。比如，老街中一直存在停车难的问题，虽然有地下停车场，但消防没达标，停车场长期闲置，居民只能把车停在路边。

① 本文部分内容引自2013年8月2日发表于《南方都市报》的报道。

也有人认为，不应该让老旧小区成为被遗忘的角落，此时开始改造还不算晚；改造项目也有必要扩大，希望在财力范围内，结合智慧城市，让老旧小区分享科技成果。

对此，我认为，如何在改造过程中体现公平性，是政府要考虑的问题。具体来看，应按照每个小区的老化程度，制定相应的改造项目和措施，特别是针对社区建设中普遍存在的问题与市民投诉严重的事项进行重点改造。

➢ 改造情况，市民有知情权

据统计，对于本次改造能否取得预期成效，近七成网友表示不知情。对此，政府在宣传沟通方面应如何改进，实现政民相通，成为需要重点解决的事情。

在节目访谈中，大家各抒己见，提出了很多有益的建议。比如，政府在宣传方面，有必要尝试通过多种媒介全方位宣传，积极听取民众的建议，优先改造人们最迫切的问题。因为不同的老旧小区会存在不同的问题，只有居民才知道最迫切需要改进哪些问题。

除此之外，我认为，政策实施时才向社会公布，事先没有广泛征求民意，容易造成改造不公的现象。而且此次改造是用财政的钱，财政多为市民缴税所得，未事先咨询民意，涉嫌侵犯市民的知情权。当然，对于这一点，相关政府工作人员表示实行这项政策时，政府曾向各区居委会了解情况，并根据情况选定改造项目。虽然具体内容并未向市民宣布，但施工过程中会严格保证施工质量，并由市民与职能部门共同监督。

➢ 维护保养，居民、物业要出力

尽管此次老旧小区改造项目搞得轰轰烈烈，但不少市民仍然担心其最终会成为“运动式”“一阵风”工程，担忧后续的维护保养。

对此，参与节目访谈的珠海市政协委员崔云认为，老旧小区改造不应是政绩工程，而是民生工程，这样的工程要建管并行，并希望政府在改造的同时，出台相关政策，将其固化为长期工程。在我看来，前几年政府推行“安全文明小区”，也为部分老旧小区修建了围墙，进行封闭式管理。但几年过去，部分小区围墙还是烂了。所以，市民担忧在所难免。而且对于小区基础设施的维护，市民不应过分依赖政府，而应树立由居民自己管理的意识。

相关政府工作人员也表示，政府会进一步推动小区业主委员会的成立，实现由业主委员会自主选择物业管理公司，并尽力协助市民督促物业管理公司更好地进行维护。

而随着小区老化，今后老旧小区会越来越多，未来改造方向何在？业主、物业管理公司、政府应如何扮演自身角色？大家又都提出了不同的看法。

对此，珠海市政协委员崔云认为，老旧小区改造期间，应以政府主导、物业配合、业主参与的形式，让这项民生工程得以普及和延续。

于我而言，则认为政府应明确改造措施是否为市政配套设施，如果是，政府出钱毋庸置疑；但如果只是小区内设施，应由小区居民自己解决，政府可制定政策进行引导、组织、协调。物业管理公司是营利机构，只要按照合同规定承担责任就行了。

相关政府工作人员则表示，小区毕竟具有社会性，政府的工作是规范小区和物业，使小区得到发展。居民则根据物业管理公司的表现进行选择，享受服务的同时依规按时缴费。物业管理公司也应为业主提供更优质的服务。

还有一个关键的问题，令人担忧。现实中，部分老旧小区存在物业管理费收缴困难，物业管理公司提供的服务变差或撤离，进而使双方陷入恶性循环，由此借助政府出资改造契机，能否规范小区管理或引入物业管理公司，促使小区走上良性轨道，值得人深思。

在我看来，出现“坏物管”的原因有两点：一是小区成立业主委员会难；二是珠海没有住房维修基金。只有解决这两个问题，才能解决物业管理公司与业主长期的矛盾。

相关政府工作人员对此则强调，通过这次改造，提高小区的公共设施水平和管理水平，引进较好的物业管理公司，是居民的期盼，也是政府的意愿。在这次改造中，政府会与业主委员会进行沟通，并根据实际情况予以调整，以合理的价格规范物业收费水平。

主要靠行业自救，政府不应过多干预①

2016年，网约车合法化后，迅速发展的网约车平台和各类专车将给传统出租车行业带来哪些影响？传统的出租车模式还有市场空间吗？政府还可以在哪些地方有所作为？

针对这一热点话题，《南方都市报》曾以“新闻会客厅”的节目形式，邀请了政协委员、出租车司机、人大代表以及作为律师的我，共同围绕上述热点“把脉问诊”。

➢ 出租车行业情况

截至2015年下半年，珠海通过几次拆分牌照，共拥有出租车3000多辆。不过，这些车辆超过90%都分布在市区面积占珠海整体面积2/3的西部区域，如金湾、高栏港、斗门，而在其他地方的路上则很难看到出租车。

一方面，出租车资源的区域分配不均以及高峰时段车少人多、挑客、拒载等现象令不少市民感到头疼，投诉不断。另一方面，近年来涌现的蓝牌车和网约车又在一定程度上挤压了传统出租车的市场空间。

有出租车司机表示，几年前，一个出租车司机一个月还能挣4000多元，

① 本文部分内容参见2016年7月30日发表于《南方都市报》的报道。

但到了2016年，物价涨了，收入倒是降到了3000多元。他同时坦言，网约车能发展起来，在一定程度上也是因为出租车未能满足乘客的需求。

为减轻出租车司机的压力，珠海交通部门此前也做了不少努力，2016年年初就表示要采取多种措施，使出租车司机每车每月减轻负担500元。不过，从实际情况来看，上述举措实行后，成效并不大，其中一个关键原因就是车牌早被拍卖了。对于这一点，珠海市交通运输局相关负责人曾在采访中坦言，称珠海对出租车营运牌照拍卖的做法是20世纪八九十年代参照港澳模式开展的，如今看来似乎不妥，但作为一项政策，有延续性，政府也必须尊重历史，不能说取消就马上取消。

➢ 谈冲击：网约车竞争优势会缩小

网约车合法化后，各类打车平台必然加速发展，无疑这将给传统出租车行业带来一定的影响和挑战。出租车市场有限，当网约车发展起来后，出租车司机能分到的“蛋糕”自然就变少了。传统出租车行业面临的这一困境，在一定程度上，是市场优胜劣汰的结果。如果出租车司机不改变意识，不能及时适应市场，就难免会被社会所淘汰。

节目中，受访出租车司机（也是珠海市人大代表）表示，网约车发展是大势所趋。从国家层面来讲，网约车的发展解决了很多人的就业问题，通过“互联网＋汽车”的方式为人们的出行提供了方便。但对于出租车司机而言，确实冲击很大，尤其是出租车覆盖率不足的中小城市、郊区，越来越多的人将选择网约车，但我并不是太悲观，因为网约车合法化后，政府肯定会设置一些“门槛”，不可能再像过去一样。有些人刚拿到汽车牌照就能开专车拉客，这对乘客太不负责了，有了“门槛”后，网约车的竞争优势反而会缩小，这对出租车是有利的。

对此，受访的珠海市政协委员也提出了自己的见解。他认为，以前出租车司机没有碰上竞争对手，不管自己态度好不好，乘客总要坐车。但网约车出现后，出租车司机才开始感受到压力。互联网发展很快，为什么过去传统的出租车公司和司机就没有想到利用网络来为乘客提供服务？直到互联网“闯”进来，才发现原来还可以这么“玩”，这只能说明他们原来的思维有些僵化了，觉得这个市场就是自己的，同时这也提醒出租车行业和司机只有不断创新，跟上时代的潮流，才能有一个“铁饭碗”。

➢ 谈出租车模式：成本高，与网约车难竞争

网约车的快速发展，是否意味着传统出租车的模式已经过时，未来都将被网约车取代？

事实上，出租车和网约车是两种不同的运营模式。前者是开着车到处跑，虽然比较辛苦，但更容易接触乘客，而且并非所有人都会用手机约车，大多数年长的乘客还是离不开出租车。而后者是通过网络平台提供服务，平时停下来休息，网上接到订单后再开车去拉人，与顾客并不是直接面对面的。

虽然有人认为，如果出租车司机的服务质量、态度、车况都能赶上网约车，那么出租车市场就还是比较可观的。但在我看来，传统出租车的模式还存在很多问题，成本太高，又是牌照，又是份子钱①，要与轻装上阵的网约车竞争是比较难的。

① 出租车份子钱是指出租车司机上缴给出租车公司的承包费用，其既是前者的主要运营成本，又是后者的主要收入来源。

➢ 谈竞争：完善制度，营造公平竞争环境

在推进出租车行业改革的同时，如何保障出租车司机的合法权益，值得深思。

关于这一问题，我认为，市场在资源配置中起决定性作用。新的产业模式出现必然会对旧有的模式和既得利益者造成冲击，但政府不是保姆，也不是全能型的，出租车行业和司机不能一味地指望政府保护、补贴一个相对落后的产业。因此，这个问题的解决还是应该主要靠行业自救，政府不应过多干预。

当然，正如受访出租车司机所言，政府最应该做的是利用立法权，在制度层面为出租车司机、网约车司机营造一个公平的竞争环境。我对此表示赞同，比如一辆20万元以上的专车，为了竞争，搞得居然跟出租车的价格一样，这就好比一个五星级酒店却收大排档的钱，这种无序竞争的背后其实是企业前期为了占领市场而采取的营销手段，在其抢占市场后，就会恢复正常价格，而那些原先低价的出租车可能早被市场所淘汰。对此，我认为，应该根据车辆的具体情况，设置合理的收费，从而满足不同人群的出行需要。大家若能公平竞争，相信出租车司机自然不会害怕网约车。

政府不可任性[①]

多年来，为了推进城市现代化建设，征地拆迁成为一个较为普遍且备受关注的事情。2016 年年初，广东省人民政府曾撤销珠海市人民政府征收一居民房屋作出的补偿决定，理由是在征收前，未委托评估机构对被征收房屋进行价值评估，程序上存在违法。这一案件中，无疑体现了征地拆迁中法治的进步。

➢ 房屋征收程序不严格

该案中，涉事房屋位于珠海市香洲区南屏镇红联村，因港珠澳大桥西延线、横琴二桥等几条高速公路在这里汇集，并将兴建洪湾互通立交，红联村需整体搬迁。

被征收的涉事房屋面积为 160 余平方米，房主于 2015 年 8 月收到政府的补偿决定书，显示补偿标准有货币补偿与回迁安置两种方式。其中，货币补偿的标准为 7900 元/平方米，再乘以 1.1 的倍数，经计算后，其可获得被征收房屋补偿费、搬迁费、地上青苗及附着物补偿共计 141 万余元；选择回迁安置，则可获得相当于被征房屋面积 1.1 倍的安置房，共计 176.89 平方米。

① 本文部分内容参见杨亮：《政府不可任性》，载《南方都市报》2016 年 1 月 26 日，第 ZB07 版。

对于这一补偿方案，涉事房屋的房主周先生并不认可，觉得有不合理之处。他并不反对政府征地搞交通，但在2014年，房屋征收部门——珠海市国土资源局（现为珠海市自然资源局）仅委托珠海市测绘院对其房屋测绘面积，未与其协商选定房地产价格评估机构对房屋进行价值评估，而是直接依照其指定的补偿方案就认定了一个房屋补偿价格标准。这一过程中，房屋征收部门未严格按照法律征收房屋，应属于程序违法。

2016年1月，周先生就此向广东省人民政府提出行政复议，要求重新作出房屋征收补偿决定书，确定补偿数额。

➤ 补偿标准高于同地段其他项目

在行政复议过程中，对于周先生的不满，珠海市人民政府在答辩状中回应，表示早在2014年6月，政府就发布了红联村整体征收（搬迁）的决定书，并公布了补偿方案。因红联村年代久远，村里许多房屋已年久失修，因此珠海采取了抽样调查的方式，对红联村中较为完整的房屋进行随机抽查评估。

珠海市人民政府进一步解释道，在拟定《补偿方案》时，《港珠澳大桥珠海连接线征地农民及世居居民房屋征收补偿方案》（以下简称《连接线房屋征收补偿方案》）已经批准实施，该项目设计的湾仔南联村用地属于二级地，其中房屋补偿单价为7900元/平方米，是通过委托评估机构对南联村房屋进行评估后，以综合评估价为基础确定的。而红联村用地属于四级地，级别低于前述湾仔南联村用地，功能评估地价也低于南联村。在此情况下，鉴于洪湾互通项目属于港珠澳大桥珠海连接线项目的组成部分，为保证政策的连续性和统一性，最终参照《连接线房屋征收补偿方案》确定了红联村整体征收项目补偿方案，其中货币补偿的标准已远高于同一地段其他项目的房屋补偿标准。

➢ 省政府撤销补偿决定书

令人惊喜的是，广东省人民政府经审查后支持了周先生的诉求。其理由是，根据《国有土地上房屋征收与补偿条例》第19条规定，对被征收房屋价值的补偿，不得低于房屋征收决定公告之日被征收房屋类似房地产的市场价格，被征收房屋的价值，由具有相应资质的房地产价格评估机构按照房屋征收评估办法评估确定。对评估确定的被征收房屋价值有异议的，可以向房地产价格评估机构申请复核评估；对复核结果有异议的，可以向房地产价格评估专家委员会申请鉴定。

因此，广东省人民政府在《行政复议决定书》中表示，涉案补偿决定书在作出之前，没有履行法定的评估被征收房屋价值的程序，因此该决定书存在程序违法的问题，故对珠海市人民政府作出的补偿决定书予以撤销，责令其在法定期限内重新作出具体行政行为。

➢ 律师说法

在我看来，该案作为征地拆迁的典型案例，在很大程度上体现了当代社会主义法治的发展与完善，具有一定的进步意义。一方面，当公共利益与个人利益发生冲突时，村民能够用法律途径来反映，体现了民众法治观念的进步。另一方面，案件的胜诉，也驳斥了“民告官”必然输官司的荒谬论调。在依法治国的大背景下，本案例也提醒政府部门在进行公共工程建设时，应严格履行程序，以免因此惹来诉讼，影响工程进展。

整治违规户外广告，必须杜绝权力寻租和选择性执法[①]

走在珠海的大街小巷，我们随处都能看到各色各样的户外广告牌。作为市容市貌的重要组成部分，户外广告是否美观、整齐，能够直接反映一个城市的管理水平。管理得好，户外广告会是城市的一道风景线，否则将严重影响城市的美观和品位。

2013 年左右，珠海户外广告牌管理工作正在逐步规范，但广告设置混乱、未经审批擅自设置的现象仍然存在，甚至有不少成为安全隐患。针对当时珠海正在开展的城区户外广告设施专项整治行动，《南方都市报》以“新闻会客厅”的节目形式，邀请了包括我在内的嘉宾来共同探讨这一话题。

➤ 杂乱抑或繁华？

有人认为，广告牌太多，不仅显得杂乱，还存在很多安全隐患，对其整治刻不容缓。对于此事，我认为还可以接受。理由在于，当时珠海的商业还不太发达，相对而言，户外广告牌不是特别多，且由于政府部门不

① 本文部分内容参见 2013 年 11 月 15 日发表于《南方都市报》的报道。

断地整治，总体上不会觉得太杂乱无章，也不至于让人觉得过分有碍观瞻。

同时，正如一同受访的珠海市人大代表所言，广告牌是一个城市活力的象征与表现。珠海的广告牌越丰富，意味着城市发展越好。如果觉得广告牌有点儿杂乱或者违规，就要强制拆除，那么企业恐怕无法生存。政府对企业应当多一点“松绑”，不要为了美观，让企业喘不过气。

➤ 清拆能否解决问题?

为了积极响应创建文明城市的号召，各个地方似乎都在使劲浑身解数来美化环境、营造良好氛围，珠海也不例外。

整治过程中，对于是否有必要大规模清拆违规户外广告牌这一问题，有人持肯定态度，理由在于乱建户外广告牌是国内大中城市的通病，好的户外广告牌可以装饰城市空间，但过多以至于泛滥的户外广告牌，则会造成视觉污染。珠海正在创建文明城市，户外广告牌不仅要整体有序，还应体现城市的品位，因此如果相关部门这次能够集中清理整治，将有利于提升城市品位，展示珠海的新面貌。

然而，对于该问题，我其实是非常反对的，也很反感这种做法。对于大量未经批准的违规户外广告牌的存在，政府部门也有一定的责任。一方面，监管不到位；另一方面，户外广告牌的设置申请、审批流程等可能存在问题，以至于商家不愿意配合办理合法手续。市政园林部门有关户外广告设置许可的办结时限是20个工作日，个人认为，这个时间有些长，应该缩短为7个工作日。政府部门还应简化许可审批流程，细化户外广告牌设置的相关技术标准。如果许可门槛有所降低，商家违规的可能性就会大大减小，违规户外广告牌也就不会成规模了。

一同受访的珠海市人大代表也提出了自己的见解。他认为，一个城市是否美观，是城市规划的大问题，就像珠海落后的村子一样，需要整体规划与美化才能改变其脏乱现状。在香港窄窄的街道里，满大街都是广告牌和指示牌，有的还伸到头顶上，大家也没觉得乱，反倒看到了繁荣。所以，政府部门在计划美化城市时，关键要制定合情合理的政策，规范规划，而不是靠行政力量拆广告牌。

当然，对于我们的质疑和建议，参与采访的城管工作人员也明确表示，此次整治工作主要针对各大主要干道、交通客运站点及重要公共场所的户外广告设施。重点是清理整治未经批准或超过批准期限设置、陈旧破损、影响市容的楼（屋）顶广告、立柱广告、墙体广告以及立式平面广告等大型户外广告设施及道路两侧未按规范设置的门店招牌。

➢ 需要征求居民的意见吗?

前述提到广告牌审批过程中存在不合理之处，那么在审批时，相关部门是否需要征求周边居民的意见？或者职能部门应如何严把审批关，统一规划布局，加强维护管理呢？

对于审批一事，有人认为广告牌审批过程中，确实应征求利害关系人的意见，特别是小区及周边的户外广告，应评估噪声污染、光污染和遮挡日照等对居民生活造成的不利影响。政府规划、工商、环保和城管等部门应加强联动和协调，建立和制定长效监督管理机制，对户外广告审批实行一站式管理，统一规划，统一布局，统一管理，让广告牌的设置与城市景观和谐统一起来。

但在我看来，政府部门在行使行政审批权限时，应首先考虑遵守珠海市已经制定的关于户外广告设施设置的管理条例、实施细则及技术规范，这些法规、规范虽有完善的必要，但严格执行更重要。

值得庆幸的是，据城管工作人员介绍，自2013年11月10日起，户外广告设施的行政许可工作权限就下放至香洲区。香洲区可以按照珠海市《户外广告设施设置管理条例》及相关规范严格审批，并结合本区实际情况，综合考虑空间资源和景观效果，制订香洲区户外广告设施总体规划，进一步统一规划布局，合理规范设置广告招牌。

此外，珠海市人大代表认为此类审批一般不需要经过居民的同意。只要不过分影响周围环境，应该以遵循经济规律为前提。如果安装一个广告牌就要周围居民全体通过，那么企业就很难正常经营了。应注意的是，虽然广告牌无须征求居民意见，但周围店家的招牌与路边指示牌就有必要征求意见，企业、政府、居民或村民的意见都应被采纳。

➢ 纪检如何介入?

为保证整治行动顺利进行，此次整治对于包庇、纵容、说情，甚至干扰阻挠整治的，将通报纪检监察机关追究责任。

对此，我认为，纪检监察机关的介入是必须的，而且必须是强力介入，不能只是做做样子，走过场。违规户外广告牌的存在与权力寻租是相关联的。因此，整治违规户外广告，必须杜绝权力寻租和选择性执法。

市内有很多广告牌未经审批擅自设置，如果不依法清理，将有损政府公信力。因此，如果能严格落实这一严格制度来保障整治行动顺利进行，将在一定程度上鼓励和约束使用违章广告牌的业主，让他们自行拆除，减少整治行动的阻力。

同时，城管工作人员也表示，为确保整治工作的公平、公正，确保整治工作按时、保质地完成，香洲区对辖区内的大型广告牌进行了全面的摸底调查，在考虑当事人实际需要和珠海的市容要求后，制定了整治工作台账，明确违法广告牌的位置、查处要求、完成时间和责任人。同时，香洲区城管执法部门对整治的广告牌进行了立案查处，对于逾期未整改的，一律采取罚款并予以拆除的处罚措施。

公立医院回归公益性

2015 年珠海市公立医院改革（以下简称医改）开始后，如何回归公益性，满足老百姓的看病需求，解决看病难、吃药贵问题，成为人们重点讨论的热点话题。为此，《南方都市报》再一次以“新闻会客厅”的节目形式，邀请了包括我在内的嘉宾来共同探讨该话题。

➢ 取消加成仍可能开大药方

此次医改提出取消药价加成，并试点公立医院门诊药房社会化，允许院外购药。对于这一举措，能否有效降低医疗费用，并确保医院药价下降？大家给出了不同意见。

有人认为，关键要看降的是哪种“药价”。取消药价加成，药品单价降低，但未必能降低患者付出的总药价。取消药价加成只是取消了医院靠卖药盈利的“正常渠道”，但药品供应商的“回扣”才是医生开高价药大处方的真正动力。取消加成后，医生仍可能靠多开高价药获利，廉价药可能因此消失。

这种观点具有一定的合理性。同时，在我看来，降低药费和检查费等医疗费用的前提是公立医院回归公益性和非营利性。取消药价加成及门诊药房社会化，有利于医院达致非营利性，但未必能保证患者的医疗费用大幅度减少。因为药价不完全由医院决定，而是由药品生产、销售全流程所决定的。

针对这一问题，相关主管部门的负责人则表示，取消药价加成是此次公立医院改革的目标，必须实现。在确保药价下降方面，这次医改以不增加病人负担和不减少医院合理收益为基本原则。至于医院因此而收入减少，可以通过采取调整部分技术服务收费标准、完善医疗保障基金支付、增加政府投入等措施予以补偿。所以，总体降低病人负担并不只是医院的工作，医保和财政也需大力保障。

➤ 医疗服务费纳入医保

值得注意的是，此次医改方案提出降低药费的同时，还要提高诊费。对此，不少市民并不认可，担心药价未降且诊费又涨。

事实上，市民担心药价不降，反而诊费又升，并非杞人忧天。我认为，提高诊费与公立医院回归公益性的目标是相悖的！如果医改具体措施不是围绕医院的公益性做文章，而是以成本补偿为名提升诊费，降低医疗费用只会是一句空话。或许人们买一盒药的价格降低了，但却不知道医生有没有多开药。取消 15% 的药价加成，看似具有合理性，可实际上既不能降低看病的代价，也无法激励医生提高技术，这只是迫于形势而打出的一张牌。

对于这种担忧，相关主管部门负责人表示能够理解。他指出，提高诊费是为了尊重医务工作者的技术水平。考虑到当前珠海部分医院诊费还是 20 世纪 90 年代的标准，所以在此次医改中明确规定提高技术型、劳务型医疗服务收费标准，并将调整后的医疗技术服务收费按规定纳入医保支付范围，这是尊重专业技术人才的体现，并且提高的诊费由医保及财政进行补偿，不会增加市民负担。

➢ 将建立大型医用设备检查治疗中心

此次医改还提出公立医院要错位发展，实现医疗资源共享。这涉及各医院的利益分配问题，是否具有可行性，值得考量。

有人认为，要确保各医院让出利益，最好的方法是建立医疗设备共享中心，即在珠海市卫生局的统一管理下，成立大型医用设备检查治疗中心。这一中心独立于各医院之外运作，可以避免医院做过多的检查，患者也可以不用做重复检查。

在我看来，这一建议同样涉及公立医院回归公益性的问题。盈利不是政府对医院管理层的考核目标，医院收入与医务人员无关，如果做到这点，医院管理层和医务人员除了治好病，就没有所谓的利益问题。否则，医院和医务人员都有自己的经济利益，就不可能共享医疗资源。

不过，值得期待的是，据相关主管部门负责人表示，此次医改下一步会建立大型共用设备检查治疗中心，依托网络实现联网共享，避免大型贵重医疗仪器设备的重复设置，共用的诊断治疗中心也能实现集中处理治病，提高诊断治疗水平，达到节约资源合理配置的目标。于我而言，如果这一中心能够设立，相信会对当前的医疗水平有所提升，造福百姓。

➢ 将设医管中心监管医院管理、运营

另外，此次医改提出珠海将学习“香港模式”，成立珠海市医院管理委员会（以下简称医管委）作为公立医院的最高决策议事机构，对公立医院实行统筹管理。

值得肯定的是，成立医管委是公立医院体制机制创新的重要一步，是珠海医改的起点，也是建立现代医院管理制度的大胆探索。我认为，“香港

模式”固然不错，是经过实践检验的好模式，但若直接引进该模式，有可能会造成“水土不服”。任何模式的有效性都是由人决定的。珠海的选人、用人机制与香港不同，难以保证医管委委员的遴选、管理、考核也完全按照“香港模式”。所以，这一模式能否促进公立医院回归公益性，还有待观察。

有人提出，此次医改应立足珠海现有的医疗环境和服务水平，坚持公立医院的公益性质，把维护人民群众的健康权益放在第一位。具体来说，通过改革，构建布局合理、结构优化、富有效率的公立医院服务体系；推进体制机制创新，形成比较科学规范的公立医院管理体制和补偿、运行、监管机制，充分调动医务人员的积极性，为市民提供安全、有效、方便、价廉的医疗卫生服务。对此，我表示赞同，这或许是一种相对实际的做法，也是医改的方向。

另外，对于是否会直接照搬“香港模式”，相关主管部门负责人明确予以否定。他表示，过往珠海市卫生局对公立医院只是监管业务，但医院运行还涉及发改委、财政、人社等职能部门。这次医改会结合本地实际，由医管委负责建立政府投入、医保支付、价格调节和个人付费的医院运营联动机制，并在医管委下设市医管中心作为法定机构，其具有对医院进行管理以及运营监管的职能，有利于更好地实现“综合办医”。接下来，相关部门会进一步探索出台相关的配套政策。

人才不应与低收入者争利[①]

政府作为公租房的提供者，如何与公租房的实际受益者（即居住者）形成信息的对称沟通，真正提供低收入家庭需要的公租房呢？

2012 年，珠海和广州两地曾分别以不同形式向社会征集有关公租房的管理意见，特别是珠海举行的公租房管理立法听证会，引发了公众对公租房应该保障谁，应如何保障以及退出机制等的大讨论。

➤ 公租房应保障谁——人才不应与低收入者争利

客观来讲，应保尽保“低收入住房困难家庭”及“其他低收入住房困难家庭”优先配租，才是公租房政策走向人心的良道。

根据我国住房和城乡建设部于 2012 年 5 月发布的《公共租赁住房管理办法》中的相关规定，公租房保障的对象主要包括“面向符合规定条件的城镇中等偏下收入住房困难家庭、新就业无房职工和在城镇稳定就业的外来务工人员出租的保障性住房”。但同时也规定“具体条件由直辖市和市、县级人民政府住房保障主管部门根据本地区实际情况确定”。

2012 年 10 月 16 日，在珠海市召开的《珠海市公共租赁住房管理办法

① 本文部分内容参见：《百姓想要的公租房：人才不应与低收入者争利》，载宣讲家网，http：//www. 71. cn/2012/1030/692042. shtml，访问时间：2023 年 10 月 5 日。

(草案)》[以下简称《办法(草案)》] 立法听证会上，最为热议的就是公租房应该保障谁的问题。根据《办法(草案)》，低收入住房困难家庭、新就业职工、专业人才、高层次人才和青年优秀人才以及异地务工人员这五类符合申请条件的对象将纳入保障范围，享受公租房的受惠。

对此，作为参与听证会上的代表之一，我认为，人才不应与低收入者争利。理由在于，许多企业对引进的专业人才基本会给予相应的住房补贴，如果再对其给予公租房享受待遇的话，容易引发引入人才与“夹心层”之间互相“争利”的情况。整体来看，我国公租房主要适用的对象是“夹心层”，如果将前述专业人才纳入保障范围，可能会导致不公平的现象，因为这类人才在收入水平上已经远高于低收入者和“夹心层”。

听证会上，有的企业员工代表也表示，引进人才和高层次人才的住房问题应该由企业解决，企业给员工提供的住房不应该叫作公租房，而应该叫“员工宿舍”或“人才公寓”。

无独有偶，《广州市公共租赁住房保障制度实施办法(试行)(征求意见稿)》(以下简称《意见稿》) 于2012年10月16日结束意见征集，众多专家和市民也非常关注“公租房该保障谁”的问题。例如，有专家建议，刚毕业的大学生等“外夹心层”也可以住上公租房，这在国内部分省市(如杭州、武汉、四川、辽宁等) 都已经陆续推出并予以实施。根据报道显示，广州市政协常委曹志伟也曾建议，在公租房的保障对象中，再增加大学本科毕业落户广州、有稳定工作的新增就业人员，就可安排入住独立单身公寓，而无须年满30周岁，这样将更有利于广州吸引年轻的人才。

简而言之，我认为公租房政策首先应明确其设立初衷。那些“应保尽保低收入住房困难家庭”及“其他低收入住房困难家庭”属于社会的弱势群体，对他们不仅不能设置过高的申请条件，还应赋予其优先配租权。人才不应与低收入者争利！

➤ 申请门槛应多高——调高收入线，满足更多人的需要

广州的《意见稿》规定人均年收入在18 287元以下时，可申请公租房租赁补贴。但根据相关调查统计，有超过半数的公众反馈的意见认为该公租房准入的人均年收入线太低，甚至比广州市企业退休人员每年人均养老金31 368元还要低。

珠海的《办法（草案）》和广州的《意见稿》对申请公租房的困难家庭，都提出“申请人及共同申请人在申请受理之日前5年内没有出售过房产”的要求。对此，作为参加珠海听证会的代表之一，我认为，“前5年内没有出售过房产”的规定，对有些经营失败、破产的人来说，并不合理。同时，也有代表认为，如果罹患重病或遭遇其他重大变故而不得不出售房产，这样的人也有很大的住房保障需求，是否也应该考虑对这样的人群降低门槛？

针对我们所顾虑的问题，广州的《意见稿》中明确指出：“申请人及共同申请的家庭成员因重大疾病等原因造成经济条件特别困难，在申请之日前5年内转让房产的（不含转让给直系亲属及兄弟姐妹），应提供二级以上（含二级）医院专科医生诊断及医院等相关证明材料，经住房保障部门审核批准后可以申请公共租赁住房保障。”

但年收入在多少以下才属于可以申请公租房的困难家庭呢？不同地区的生活水平不一样，导致不同城市规定的公租房申请家庭的收入上限也不尽相同。例如，北京规定，符合人均月收入在2400元（含）以下等条件的城镇户籍家庭，通过公开摇号承租公租房，将获得政府提供的租金补贴，补贴将按照承租家庭的经济情况，分六档进行补贴。而广州的《意见稿》

则规定，人均年收入在 18 287 元以下的，可申请公租房租赁补贴。对此，我认为不妨把公租房准入收入线适当调高，以满足更多低收入人群的需求。

➢ 如何解决公租房空置——延期不搬按市场价收取租金

在公共租赁住房的退出机制方面，对于租赁人的退出，住房和城乡建设部的《公共租赁住房管理办法》明确规定了五种情形：①承租人转借、转租或者擅自调换；②改变用途；③破坏或者擅自装修且拒不恢复原状；④在公共租赁住房内从事违法活动；⑤无正当理由连续6 个月闲置公共租赁住房。这五种情形下，承租人应当退回公共租赁住房。实际上，此前许多地方也有公租房退出机制的相关管理办法，内容上与住房和城乡建设部的《公共租赁住房管理办法》的差别不大。

现实中，很多地方由于不合理规划或公租房地理位置过于偏僻等，导致部分公租房出现了入住率低的现象。对此，在珠海听证会上，某公司负责公租房业务方面的工作人员建议，当公租房出现空置时，可考虑允许开发商将其重新推入市场。他认为，法院强制执行的时间比较长，存在执行难等问题，故提出建议，是否可以规定："如不退租，则按市场价收取租金；继续延期不搬，则按1. 5 倍市场价的标准收取租金，然后再由法院强制执行。"

在我看来，相较于廉租房、经济适用房等，公租房的运营尚处于起步阶段，还未形成成熟模式，我们应对其抱有宽容的态度。公租房问题关乎民生，如何实现"应保尽保"的目标，各地做法虽然并不相同，但能够通过听证会等方式征求各方意见，那么无论最终能否被政府采纳，无疑都具有一定的积极意义。

《劳动合同法》将改变职场生态[①]

10年来最重要的劳动法律——《劳动合同法》将于2008年1月1日正式实施。《劳动合同法》对1994年版《劳动法》及地方劳动立法的很多方面作了重大调整，最明显的特征是向劳动者一方倾斜。《劳动合同法》对现实职场存在的大量侵害劳动者权益的问题，如霸王条款味道十足的规章制度、没有劳动合同、劳动合同短期化、不缴纳社保、恶意欠薪、随意辞退等，都制定了相应的制度，创设了相应的维权机制。这些制度及机制改写了职场规则，并在以下三个方面颠覆性地改变职场生态。

第一，劳动报酬与工会或者职工代表平等协商确定制度的确立，为"提高劳动报酬在初次分配中的比重"提供了法律保障。

为了遏制近年来收入分配状况恶化、贫富差距不断扩大的趋势，党的十七大报告提出"提高劳动报酬在初次分配中的比重"。而《劳动合同法》关于劳动报酬与工会或者职工代表平等协商确定制度的确立，为此提供了法律保障。

《劳动合同法》第4条规定，用人单位在制定、修改或者决定有关劳动报酬等直接涉及劳动者切身利益的规章制度或者重大事项时，应当经职工

① 本文写作于2008年1月1日《劳动合同法》正式实施之前，目前该法于2012年进行了修正。参见林叔权：《〈劳动合同法〉将改变职场生态》，载《珠海特区报》2007年11月21日。

代表大会或者全体职工讨论，提出方案和意见，与工会或者职工代表平等协商确定。这一制度的确立，使得劳动报酬由过去用人单位的单方确定变为应由劳动者与用人单位双方协商，而且这种双方协商不是单一劳动者与用人单位的协商，而是劳动者以工会或者职工代表的名义与用人单位的集体协商。显然，从一对一的协商到集体协商，再辅之以业已确立并将越来越完善的最低工资制度，以及即将建立的工资支付保证制度，将使得“提高劳动报酬在初次分配中的比重”成为可能，将使得那些只凭自身劳动力赚取收入的中低收入劳动者有机会更多地分享到经济发展的果实。

第二，劳动合同以无固定期限为常态、以固定期限为特殊的明确指向，使得劳动合同短期化的趋势将得以扭转，劳动者遭遇随意辞退的现象将得以逐步遏制，劳动者将从用人单位的改变中得到更多的“劳动红利”。

没有劳动合同、劳动合同短期化、遭遇随意辞退等是劳动者在现实职场中常有的“待遇”。如今，《劳动合同法》规定劳动关系自用工之日起建立，即只要有事实上的劳动用工，劳动关系就随之产生；规定用人单位未自用工之日起一个月内与劳动者订立书面劳动合同。但自用工之日起满一年不与劳动者订立书面劳动合同的，视为用人单位与劳动者已经订立了无固定期限劳动合同；统一了用人单位解除或者终止劳动合同的条件及程序，规定即使劳动合同期满，也必须向劳动者支付经济补偿金，并明确要求用人单位违法解除或者终止劳动合同的，应当双倍向劳动者支付赔偿金。这些规定意味着用人单位不与劳动者签订劳动合同的后果非常严重，意味着与劳动者半年一签或者一年一签的短期化劳动合同并不合算，意味着违法解除劳动合同的成本很高。因此，这些规定将促使用人单位改变用工观念，建立先订立合同后用工的习惯；改变用工短期化倾向，抛弃随意辞退劳动者的做法。如此，劳动者的权益必将得到更加有效的保障，也将从用人单位的改变中得到更多的"劳动红利"。

第三，规章制度的制定不仅要内容合法，还要程序合法；制定规章制度是用人单位的法定义务，而参与规章制度的制定也是劳动者的法定权利；规章制度将逐步成为劳动者维护自身合法权益的管理规约。

在职场中，过去一些用人单位制定的规章制度存在着不同程度上的违法内容。有的在工时、休假、加班等方面违反国家规定的基本标准；有的规定员工在劳动合同期间不能结婚生育，上下班要搜身检查，严重侵犯了公民的基本权利；有的规定员工入职要交一笔保证金、工服押金；有的随意延长员工工作时间而不发加班工资等。随着《劳动合同法》的颁布实施，这些"恶"规"烂"章将因不合法而归于无效。《劳动合同法》规定，用人单位应当依法建立和完善劳动规章制度，保障劳动者享有劳动权利，履行劳动义务；用人单位在制定、修改或者决定有关劳动报酬、工作时间、休息休假、劳动安全卫生、保险福利、职工培训、劳动纪律以及劳动定额管理等直接涉及劳动者切身利益的规章制度或者重大事项时，应当经职工代表大会或者全体职工讨论，提出方案和意见，与工会或者职工代表平等协商确定；用人单位的规章制度损害劳动者权益的，劳动者可以解除劳动合同；用人单位的规章制度给劳动者造成损害的，应当承担赔偿责任。

这些规定，意味着规章制度的制定不仅要内容合法，还要程序合法；意味着规章制度的制定是用人单位的法定义务，而参与规章制度的制定也是劳动者的法定权利。如此，用人单位将不得不遵循《劳动合同法》规定的"民主程序"，对以往单方制定的规章制度进行梳理、检查或者重新修订，劳动者将从参与制定规章制度的过程中取得一定程度的话事权，规章制度将不再是用人单位单方制定的霸王条款，而将逐步成为劳动者维护自身合法权益的管理规约。

出租车公司无权让司机交违约金[①]

2010年4月，为打击跨区运营行为，仅有21辆出租车的斗门出租车行业停业整顿，吓退了一批从业多年的出租车司机。在整顿政策下，签合同的继续开车，不签合同就摘牌走人。这一“双向选择题”看似简单，却让以此为生的出租车司机陷入了进退两难的困境。

不出意料，经过整顿，有8辆摘牌，9辆被停运，只有4辆与公司签约。这也意味着之后整个斗门城区将只有4辆出租车在运营。而按照合同规定，一旦这几辆车被发现到市区拉客“打游击”，除了要接受交通管理部门每次2000元的罚款，还要向公司缴纳高达1万元的“违约金”。

➢ “打游击”要交1万元违约金

为了加强对斗门出租车的管理，打击跨区运营行为，斗门出租车管理方曾召集几十名斗门出租车司进行开会，宣布了此次停业整顿计划。该计划的主旨是，如果司机选择继续在斗门“开车”，就必须在规定日期之前与公司签署一项合同，其中规定斗门出租车必须严格遵守《珠海市出租小汽车管理条例》，不得再到珠海市区拉客“打游击”，而一旦有人因违规被交

① 本文部分内容参见《斗门出租车行业昨停业整顿巨额违约金难倒司机只有四辆出租车签约干活》，载《珠海特区报》2010年4月10日。

通管理部门查处，除了按规定接受行政处罚，还要向公司缴纳 1 万元的"违约金"，违规两次以上的，则将被取消运营资格。此外，合同中还明确规定，出租车司机本人必须在斗门居住；去市区的车必须搭载乘客，禁止空车去市区。

就斗门出租车管理方的立场来看，当前部分斗门出租车司机为了追逐更大的利润，在市区范围内违规运营，扰乱了整个珠海出租车市场的经营秩序，由此公司决定开展一次集中整顿行动。

➤ 21 辆车中，仅有 4 辆签约

据了解，在本次整顿行动开始前，全部 21 辆出租车中，已有 4 辆与公司签约，理由是这 4 辆出租车此前从未到市区"打游击"，所以可继续营运。此外，剩余车辆中，有 8 辆拒绝签约并与公司结束了劳动合同关系。作为一种惩罚措施，另外 9 辆出租车则因有过跨区运营行为而被停运至整顿结束之日，在此之前，这些司机可选择签约，但如果在整顿结束前还不签，公司则要收回营运牌照。

除此之外，斗门出租车管理方还强调，出租车在停运期间仍须缴纳 6400 元租金，其中司机个人承担 3400 元，公司承担 3000 元。而那些被摘牌的出租车可转为私家车，或者司机也可以将车折旧后卖给公司。

➤ 律师点评

事实上，这一整顿无形中激化了司机养家糊口与公司运营管理之间的矛盾。对于司机而言，似乎不打游击，就很难赚到钱。而对于管理公司而言，不加强管理和主动竞争就只能等死。

一方面，受摩托车、蓝牌车以及来自珠海其他区域的回程出租车的

“三重挤压”，斗门出租车市场的空间变得非常有限，因此为避免客源不足而亏本，这些司机只好冒着被罚的风险，跑到市区拉客。其中，关于蓝牌车违法运营的问题，他们曾多次向当地交通管理部门反映，但由于取证困难，对蓝牌车的查处收效甚微。于是，受多重因素的影响，斗门出租车行业发展举步维艰。例如，从业三年多的司机张先生曾表示，如果不到市区跨区营运，“每天最多只能拉200块钱，连租金都交不起，有时每月还要倒贴1000多块钱”。

另一方面，斗门出租车管理方却对司机选择跨区营运的无奈并不认同。在其看来，根据往年的运营情况，斗门还是有钱赚的，只是由于市区客源更充足，斗门司机才会为了赚取更多利润，就违规到市区拉客打游击。当然，斗门出租车确实面临蓝牌车与回程出租车“抢生意”的竞争压力，但通过提升服务质量，还是可以把市场“抢回来的”。反而，在自己管理的斗门区域，司机都不主动竞争，那么就只能“等死”。

结合双方立场来看，我认为，出租车公司和司机之间并没有形成有效的沟通机制，造成如今这种局面，无疑都与双方的初衷有所背离。至于在本次整顿中，出租车管理公司作出的关于“打游击”要交1万元违约金的规定，实际上是不合法且不合理的。

出租车司机与管理公司之间，本质上是一种劳动合同关系，而按照我国《劳动合同法》，即使司机出现违规行为，出租车公司也无权要求其缴纳违约金，因为能够对出租车司机进行处罚的，只能是交通管理部门。即使公司要制定其他的惩罚制度，也要经过全体员工的民主评议，而且要保证不违法。

中编

第四篇

那些特别值得记录的案例

写在前面的话

执业多年，办过的案件数量逾千，都值得记录。而特别值得记录的案件也很多，只是挑选一些，记录在本篇中。

某些机构经常会组织评选影响性案件。我经办过的一些案件，自认为符合“影响性”的标准，只是影响性的范围和程度不同而已。记录在这里的，对我和我的律师团队而言，都是影响性案件。

我认为特别值得记录的案件，绝对不仅仅下面这八个，只是因为想证明记录在这里的案例确实是我亲自办理的，而不是胡编乱造的，就找那些媒体报道过的，也就是在网络上仍然留有痕迹的案例。

在搜索中，我也发现有些亲办的案例，印象非常深，确定媒体曾经报道过，但却在网络上怎么也找不到了。如此，就更加觉得将下面这些案例记录在本书中，是非常有必要的。期待读者在阅读过这些案例后，也会认同这点。

1. 免费法援帮职工讨偿20万余元，是珠海市工会法律顾问团成立以来最大金额的个人劳动争议赔偿案件。律师职业生涯中做过不少法律援助案件，这个属于印象最深的案件之一。当事人获得赔偿时的那份感激之情，无以言表。

2. 代理北京师范大学珠海分校国际传媒设计学院前执行院长王纯杰名

誉侵权案。这一案件结果是学院前执行院长输了官司，法院认定他构成侵权。判决的最终结果出来后，当事人的那种失望的神态，令我至今记忆犹新。但是，当事人讲的一句话，同样让人印象深刻："林律师，输官司不怪你。我知道你尽力了！谢谢你！"

3. 代理珠海创艺荣泰中英文幼儿园原园长莫某某涉嫌职务侵占罪案。这个案例是想说明当事人入罪对民营企业家或者老板的教训。原园长莫某某是被幼儿园出纳举报的，因媒体介入而被立案追究刑事责任。该案对民营企业家而言，教训很多。这里只说两点：一是对关键岗位的关键员工（往往掌握着老板的命脉）向自己提出要求时，必须理性应对；二是危机处理要及时，摊上事儿后千万要采取得当的措施，尽可能避免媒体介入，避免媒体推波助澜。

4. 代理深圳机场205名退休员工诉深圳市社会保险基金管理局行政纠纷案。该案是群体性案件，有205名当事人，这也是我的律师职业生涯中碰到的当事人人数最多的案件。案件结果是当事人输了官司。但代理这个案件，虽败犹荣！

5. 代理六旬翁告珠海市红旗镇百万元工程款案。百万元债务，加上利息，一年还2万元，需要50多年才可以还清！特区的建设和发展，也有顺德这位六旬翁的贡献！这个案件，法律上没有什么门槛。但是，如果不借助媒体披露，估计也难以取得圆满的结果。这个案件说明，媒体对个案的监督，非常重要！

6. 代理梁某某诉中山市火炬高技术产业开发区管理委员会、中山市城市管理行政执法局政府行政强制案。梁某某当时为了房屋被拆的事，前后打了两场官司：一是确认强拆违法；二是请求赔偿损失。第一个官司赢了，两级法院均确认城市执法局强拆违法。第二个官司没有赢，输在房屋已经被拆，他无法举证证明损失金额。在打官司后的很长一段时间里，他都对房屋被拆的事耿耿于怀。我非常理解他，因为换了谁，在一生中遭遇如此一“劫”，都是无法放下的。

7. 代理珠海市金碧房地产开发有限公司告珠海市国土资源局[①]索地价款案。当时，业界获知高总把国土资源局告了的消息，都说高总吃了豹子胆！也确实如此，没有半斤八两的，谁敢这样做。

8. 代理某房主告珠海市公证处一案。这个案件，法院竟然判决公证处无过错，无须担责！这个结果，我是万万想不到的，也想不通；时至今日，再回看这个案件卷宗，我仍然想不通。个案的“公平正义”，是否真正实现？

① 现更名为珠海市自然资源局。

免费法援帮职工讨偿20万，成功承办珠海市工会法律顾问团成立以来最大金额的个人劳动争议赔偿案件①

2010年，老陈给珠海市总工会送来锦旗，感谢市总工会帮扶中心给他提供的免费法律援助，帮他成功讨回20万余元的赔偿金，这也是珠海市总工会法律顾问团自2008年成立以来处理的最大金额的个人劳动争议赔偿案件。

➢ 老陈不明就里被公司开除

2009年2月，老陈服务21年的公司决定与其解除劳动合同关系，并不予支付经济补偿金，其辞退理由是“私拿食物”。对此，老陈心中非常郁闷，自己在工作期间，尽职尽责，不仅多次被评为“先进工作者”“优秀共产党员”，而且任职食堂主管不到半年，就集思广益、开源节流，在提高职工伙食的同时，还为公司结余2万余元。根据公司网上评议，老陈的职工满意度曾达90%以上。

对于“私拿食物”这一辞退理由，老陈很是愤懑，认为这根本是无中

① 本文部分内容参见刘雅玲：《免费法援帮职工讨偿20万，成功承办珠海市工会法律顾问团成立以来最大金额的个人劳动争议赔偿案件》，载《珠海特区报》2010年6月5日。

生有。2010 年春节前夕，公司食堂发生了员工私拿食物回家的事件。起初，公司负责人找老陈谈话，认为其“管理不到位”，并对其进行处罚，之后老陈工作便更加谨慎细致。但没有料到的是，半个月后，公司居然不明就里，在没有任何证据的情况下，仅仅以“有人反映私拿食物回家乃老陈所为”为由，就将老陈开除。老陈找公司负责人理论，公司不予解释，拒绝老陈继续任职的要求。

➢ 协商无望向工会申请法援

眼看与公司协商无望，老陈来到了珠海市总工会，向帮扶中心的工作人员反映情况。市总工会认为该公司不仅违法解除劳动合同，而且歪曲事实，损害了老陈的名誉权和合法劳动权，于是积极就此事与公司调解，但公司态度坚决，不同意恢复老陈的名誉和职位，也不同意支付任何经济补偿金。

2009 年 4 月，老陈向珠海市劳动争议仲裁委员会提出劳动仲裁申请，要求公司支付违法解除劳动合同的双倍赔偿金（包括军龄在内的 30 年工龄）合计 29 万余元，并向市总工会申请法律援助。于是，市总工会便指派我（当时是工会律师顾问团成员）为其提供无偿法律援助。

➢ 历经一年多讨偿 20 万余元

起初，珠海市劳动争议仲裁委员会开庭审理后，认定公司解除劳动合同行为属于违法解除，同时认为老陈调动到珠海工作前的身份不属于法律规定的固定工，工作年限不能连续计算，因此作出裁决，由公司支付老陈在本公司工作 21 年工龄的双倍赔偿金 20.6 万元。

然而，仲裁裁决后，公司不服裁决结果，遂向珠海市香洲区人民法院提起诉讼。老陈再次向市总工会申请法律援助，案件继续由我代理，直到终审。香洲区人民法院判决后，公司不服，又向珠海市中级人民法院上诉。经过两级法院的审理，2010 年年初，珠海市中级人民法院作出终审判决，维持了仲裁裁决的结果。后来，老陈的赔偿金由法院执行到位，历经一年多，老陈的诉讼纠纷终于有了一个圆满的结果。

➢ 工会法律顾问团值得信赖

老陈这一案件只是工会法律顾问团每年接访案件中比较典型的一件。多年来，随着职工维权意识的提升，市总工会也适应市场经济条件下劳动关系多样化的实际需要，从服务广大职工、服务工会工作全局、服务经济发展大局的高度，加强工会法律服务工作，以市困难职工帮扶中心为载体，精心打造法律服务平台，以法律援助为手段，努力实现工会依法维权、主动维权和科学维权。

而且自 2008 年珠海市总工会成立法律顾问团以来，建立了定期接访制度，每年接访案件量超过 200 件，为维护职工合法权益做出了积极的贡献。作为法律顾问团的一员，我深感工会法律工作服务体系的完善与贴心，能够真正为大家办实事、做好事。

代理北师大珠海分校国际传媒设计学院前执行院长王纯杰名誉侵权案[①]

2003年，王纯杰被聘为合作院校北京师范大学珠海分校（以下简称北师大珠海分校）国际传媒设计学院的执行院长。2008年1月，王纯杰被免除该职务后，在个人博客和新浪等门户网站发表《我控诉一个学院院长决定把校长告上法庭》一文。该文称“有位从德国留学回来的创校教师质疑德方学校只是中专层次”、“国际合作没有实质意义”、中外合作“不具有合法性”等。此文引起校内外巨大反响，该校师生对此事显现了对立的态度，最终引发汉堡国际传媒艺术和新媒体学院（以下简称汉堡学院）对王纯杰的诉讼。

由此，“王纯杰侵害名誉案”频频登上新闻报道，轰动一时。2009年3月，珠海市香洲区人民法院审理本案后作出一审判决，认定王纯杰的博客文章中有四处侵犯了汉堡学院的名誉，要求撤销侵权的网络文章，在其个人博客、《珠海特区报》等媒体上刊登致歉声明，并赔偿汉堡学院3万元。由于原、被告双方不满判决，双方于2009年4月向珠海市中级人民法院分别提出上诉。之后，珠海市中级人民法院于2009年11月开庭审理，2010

① 本文部分内容参见庞晓丹、卢展晴：《林叔权律师代理王纯杰名誉侵权案，珠海市中院二次开庭》，载《珠江晚报》2010年3月12日。

年3月就该案进行二次开庭。

在二次开庭的庭审现场，一审原、被告双方均由代理律师代表出庭。作为二审被告王纯杰的代理律师，我提出主张，认为在王纯杰公开揭露合作办学中的问题后，北师大珠海分校专门成立工作小组进行调查，而这份调查报告和处理情况应是认定本案事实的关键证据，可校方却一直拒绝举证。

事实上，本案中追究的名誉侵权应分两个类型去衡量，即对自然人和法人两种。汉堡学院是法人，法人的“声誉、形象”可以通过专业机构进行评估。王纯杰的博文并未直接导致该学院学生退学率升高和入学率降低，因此没有带来该学院直接的损失，不应认定为侵权。

而汉堡学院的代理律师表示，一审判决认定王纯杰的博客存在四处侵权是客观公正的，但其对于一审驳回了“有位从德国留学回来的创校教师质疑德方学校只是中专层次”构成侵权的主张，表示不认同。

该代理律师主张，博文中的“中专层次”说法没有依据，仅来源于主观怀疑和推测。德国的教育体系分为普通教育体系和职业教育体系，而汉堡学院是德国职业教育体系中从事高等职业教育的应用技术大学，绝非中专层次院校。博文中的此项质疑，足以使人误认为学院的办学资质虚假，使汉堡学院的社会评价严重贬低，社会形象和声誉受到严重损害，系恶意侵权行为。

经过两个多小时的开庭，本案二审法庭调查结束。一段时间后，二审判决下发，我们输了官司。那时当事人王纯杰的失望神态，令我至今记忆犹新。但是，他讲的一句话，同样让我印象深刻：“林律师，输官司不怪你。我知道你尽力了！谢谢你！”

代理珠海创艺荣泰中英文幼儿园原园长莫某某涉嫌职务侵占罪案

(一) 原园长克扣孩子伙食费涉嫌职务犯罪被刑拘[①]

2011年，珠海创艺荣泰中英文幼儿园孩子饮食极差、原园长莫某某涉嫌克扣孩子伙食费等一系列事情被曝光之后，珠海市不少部门均介入调查。而原园长莫某某涉嫌诈骗和职务犯罪，被警方依法刑事拘留。

同年5月10日，珠海创艺荣泰中英文幼儿园幼儿家长代表及该幼儿园原会计黄某某、厨师吴某某到珠海市公安局明珠派出所报案称：长期以来，该幼儿园通过虚开现金支出票据克扣幼儿伙食费，严重侵害幼儿及家长利益。

接到报案后，珠海市公安局、香洲公安分局高度重视，迅速成立专案组展开调查。经初步调查发现，珠海创艺荣泰中英文幼儿园原负责人莫某某在收取的幼儿伙食费、保险费、保育费等项目上涉嫌诈骗和职务犯罪。为此，公安机关已于同年5月12日立案查处，并对莫某某依法实行刑事拘留。

① 部分内容参见林丹、何叶舟：《幼儿园长克扣孩子伙食费涉嫌职务犯罪被刑拘》，载《羊城晚报》2011年5月18日。

之后，莫某某委托我作为其代理人，并对荣泰幼儿园原会计黄某某、厨师吴某某以及家长王某某提出起诉。经与莫某某沟通，我代表其主张原会计黄某某、厨师吴某某和家长王某某在没有事实依据的情况下，向部分家长和有关新闻媒体记者散布不实言论，即珠海创艺荣泰中英文幼儿园就读的幼儿每人每天的伙食支出只有1元人民币，造成社会误解，损害了其声誉和形象。据莫某某所言，她收取孩子们每人每月210元伙食费，分文不少地全部用于孩子们的伙食，也从未做过两套账目，以应付检查。

此外，作为代理律师，我主张莫某某依然是幼儿园园长，没有撤职一说。理由在于，创艺荣泰中英文幼儿园的投资方是中山市创艺企业管理咨询服务有限公司，法定代表人是徐某某。徐某某委托莫某某代为行使该公司法定代表人的职权，并担任园长一职。只要委托书没有失效前，莫某某就是荣泰幼儿园的园长。

（二）园方骗取家长“保险费”整三年①

据相关报道显示，珠海创艺荣泰中英文幼儿园一离职老师曾向媒体表示，本该由幼儿园交的校方责任险，却要向孩子收费，而且一年收两次，每次30元。在事发前的三年时间里，珠海创艺荣泰中英文幼儿园凭空从300多名学生家长口袋里骗取所谓的“保险费”约5万元。

➤ 园方该交的钱却向家长收

据了解，曝出保险费问题的是该幼儿园一位离职的老师阿雅（化名），

① 本部分内容参见《园方骗取家长“保险费”整三年》，载向日葵保险网，http：//www.xiangrikui.com/shaoer/zhuanjia/20110910/140517_1.html，访问时间：2023年12月25日；陈治家、苏倩雯：《幼儿园长克扣儿童伙食费90万被公诉》，载《广州日报》2012年1月18日。

2006—2009 年，她在幼儿园担任管理层，虽然获得园长“宠信”，但也接触到了幼儿园一些不为人知的秘密。

阿雅曾向记者曝光，幼儿园每学期向学生家长收取 30 元的保险费，但实际上交给保险公司的只有几块钱，剩下的钱都被园方克扣了。

之后经过向某保险公司确认，得知珠海创艺荣泰中英文幼儿园最近两三年都是从其那里购买的保险，保险名称为“校（园）方责任保险”。据保险公司工作人员介绍，校方责任险在全市共有三家保险公司可以办理投保，该保险公司负责香洲区，另外两家公司则分别负责斗门区和金湾区，因此珠海创艺荣泰中英文幼儿园投保只会在他们这里。

在确认过程中，该工作人员找出一份珠海创艺荣泰中英文幼儿园在 2011 年 11 月 23 日办理的投保书，上面显示保险人数为 250 人，保险金额为 1250 元，投保日期从 2011 年 11 月 25 日开始，到 2012 年 11 月 24 日截止。该工作人员进一步介绍说，校方责任险是不记名险种，校方或者园方只要提供一份名单即可办理，标准为 5 元/人，有效期为一年，这笔费用应由校方自行解决，不能从学生那里收取。

根据《广东省校方责任保险客户服务手册》显示，广东省教育厅、广东省财政厅和中国保险会广东监管局下发的粤教保〔2008〕15 号文的第 2 条“统一投保，落实经费保障”中规定，“校（园）方责任保险受益者是学校，应由学校统一购买”，保险所需费用“从学校自筹经费中安排或由当地政府划拨财政专项为学校（包括民办学校）统一购买，不得向学生收费”。然而，珠海创艺荣泰中英文幼儿园的情况却是，本该属于园方自己交的钱，却向家长超额收取，而且一年连收两次。

➢ 家长脆弱内心“再受伤”

关于此事，在家长建起的 QQ 群里，有家长按三年、每年 300 个学生来计算，得出园方凭空收取的“保险费”金额达到了5.4万元。

据家长介绍，幼儿园每学期开学，都会在收取书本费、校服费、保育费的同时，收取30元的保险费，然后给家长开出一张盖有幼儿园公章的收据，但由于保险金额不大，家长们很少有人过问这究竟是什么险种，只是想当然地认为这是给孩子买的人身伤害险，即便没有拿到保单也没有觉得奇怪，只当幼儿园把保单统一管理了。

一位姓谭的离职老师表示，莫某某曾说过所买保险是意外险，但如果孩子在幼儿园外出现问题，则是不赔的。

此外，家长们表示，他们送孩子进幼儿园时，也没有签订任何合同或者协议，更无从知晓对于保险费是如何约定的。

➤ 律师称园方应返还家长“保险费”

对于园方向家长收取不该收取的保险费的问题，作为莫某某的代理律师，我主张园方只需返还家长所收费用即可，不需要承担法律责任。我认为，家长与幼儿园之间所产生的问题都是基于合同关系上的纠纷，因此适用于合同法，对于园方收取了双方约定的合同之外的款项，家长可以要求返还。

当然，客观来讲，如果园方之前曾书面或者口头承诺所购保险为人身伤害险，家长能够拿到切实的证据，则可以将园方的行为看作虚构事实、隐瞒真相，而其也达到了非法占有的目的，由此可以初步认为园方的做法属于诈骗。

➤ 警示：绝非个案

对于此事，珠海市人大常委会副秘书长边玉锋曾发表看法。他认为，此类问题绝非个案，要让阳光照射到这个平时容易让人忽略的地方，需要解决几个深层次的问题：一是如何协调相关部门，使各部门对各自所承担的监管责任真正地落实到位；二是如何在机制层面和法律层面，真正地做到让幼儿园创办者血管里流淌着道德、良知的血液，正确处理盈利与社会效益的关系；三是如何从政府层面确实加大对民办幼儿园的扶持力度，并协调相关执法部门对违规违法的创办者、管理者采取有效的强制性管理措施。

代理深圳机场205名退休员工诉深圳市社会保险基金管理局行政纠纷案[①]

本案涉及退休员工在职期间，单位未足额缴纳社会保险费，社保局能否因退休员工未在两年内提出异议而免除自身的法定职责的问题。一审法院经审理认为，对单位或个人遵守社会保险法律、法规的情况进行监督检查是社保局应当履行的法定职责。据此，法院判决：社保局对退休员工要求社保局履行法定职责对深圳机场进行监督检查，并责令深圳机场限期为退休员工补助社会保险的投诉重新作出处理。

➤ 案件回顾

2016年7月20日，我和黄婉玲律师接受深圳机场苏某某等205名退休员工（以下简称退休员工）委托，作为代理人为其与深圳市机场（集团）有限公司及其下属子公司（以下简称深圳机场）、深圳市社会保险基金管理局（以下简称深圳社保基金管理局）社保纠纷案提供法律服务。

这些退休员工自1982年起陆续入职深圳机场。尽管深圳机场从入职当月开始就为员工购买社会保险，但并未按实际工资足额缴纳社会保险费。

① 本文部分内容参见：《深圳机场205名退休员工与深圳市社会保险基金管理局行政纠纷案》，载微信公众号“融聚劳动法”，2019年1月18日发布。

由于深圳机场未足额缴纳社会保险费的行为导致该205名员工退休后领到的退休金大幅缩水、生活困难，自此苏某某等205名退休员工开始了漫长的维权之路。

在维权过程中，退休员工多次向深圳机场和政府相关部门反映社会保险费缴纳不足问题，但却一直未能得到妥善处理。

于是，2016年7月20日，苏某某等205名退休员工委托我和黄婉玲律师作为代理人，于次日代理退休员工向深圳社保基金管理局出具律师函，要求其履行法定职责，对深圳机场遵守社会保险法律、法规的情况依法进行监督检查，责令深圳机场限期为退休职工补足社会保险费，并依法对深圳机场加收滞纳金或处以罚款。若按照现实社保政策无法补足的，则要求深圳市社保局督促深圳机场向退休员工发放退休补贴。

针对退休员工反映的问题，2016年10月31日，深圳社保基金管理局作出《深圳市社会保险基金管理局关于王××等206人反映社保问题的回复》，以退休员工办理退休手续时未提出异议为由，对该要求补缴未足额社会保险费的请求不予处理；并以督促继续发放退休补贴不属于社保局职权范围为由，建议退休员工向相关部门反映或通过司法途径解决。

为此，我和黄婉玲律师代理退休员工向深圳市盐田区人民法院提起行政诉讼，深圳市盐田区人民法院于2017年2月13日受理该案。

身为代理律师，我们认为，2010年出台的《中华人民共和国社会保险法》第77条第1款规定："县级以上人民政府社会保险行政部门应当加强对用人单位和个人遵守社会保险法律、法规情况的监督检查。"该法第86条规定："用人单位未按时足额缴纳社会保险费的，由社会保险费征收机构责令限期缴纳或者补足，并自欠缴之日起，按日加收万分之五的滞纳金；逾期仍不缴纳的，由有关行政部门处欠缴数额一倍以上三倍以下的罚款。"

深圳社保基金管理局作为深圳市社保局下属行政事务机构，负责深圳市社会保险基金的征收和管理，负有对深圳市用人单位和员工遵守执行社会保险政策、法规情况进行监督检查，依法纠正和处理违规行为的法定职责。退休员工在办理退休手续时未提出异议，不能当然地免除该局的法定职责，该局的回复是没有事实和法律依据的。

事实上，深圳机场自实行养老保险社会化之初，就始终存在严重的未足额缴纳社会保险费的问题，该行为已经持续了10余年，但从未被深圳社保基金管理局查处、责令补缴养老保险费，直至员工退休时，深圳机场仍未依法足额为员工缴纳社会保险费。据此，我们主张，深圳社保基金管理局依法应当在每年年检或者日常巡视检查中及时发现深圳机场未依法缴纳社会保险费，但该局却长期失职，导致深圳机场的违法行为持续发生，而且在深圳机场公开的文件中可知该局是知道深圳机场存在未足额缴纳社会保险费的违法行为。在退休员工投诉的情况下，该局仍然拒不履行职责，严重损害了退休员工的合法权益。

➤ 法院判决

该案经深圳市盐田区人民法院审理，判决撤销了深圳社保基金管理局于2016年10月31日作出的《深圳市社会保险基金管理局关于王××等206人反映社保问题的回复》；深圳社保基金管理局于判决生效之日起60日内对苏某某等205名退休员工于2016年7月21日的投诉、举报重新作出处理。

代理六旬翁告珠海市红旗镇百万元工程款案[①]

珠海市金湾区红旗镇人民政府（以下简称红旗镇政府）拖欠六旬翁梁先生百万元工程款，经多次催讨，约定每年偿还约2万元，需50多年才能还清。

“如果这样还钱，我有生之年都不可能拿回全部欠款！”对于这样的解决方案，梁先生十分愤懑，便委托我作为代理律师，一纸诉状将红旗镇政府告上法庭。经法院调解，红旗镇政府同意在2015年6月30日前分4次还清欠款。

2013年时，梁先生已经60多岁。1993年6月，他承接了红旗镇国营糖厂（以下简称红旗糖厂）的一个工程项目，约定全部工程款149万余元，合同签订后，红旗糖厂如约支付了20万元预付款，工程于1994年11月12日完工并验收合格，确定实际工程款为138万余元，但除了预付款20万元，红旗糖厂一直未支付余款。

由于红旗镇随后改制、红旗糖厂倒闭等原因，这笔欠款一拖就是10余年。债务也由糖厂转移至红旗镇政府。梁先生多次上访投诉，直到2004年，

① 本文部分内容参见杨亮：《政府欠老人百万，要分50年还！》，载《南方都市报》2013年12月10日，第ZA11版。

红旗镇政府才同意每年支付应付金额的 2% 。然而，截至 2013 年，红旗镇尚欠工程款本金 96 万余元，加上利息超过百万元，但按照上述还款办法，还需 50 多年才能还清。要知道梁先生已年过六旬，按这样的算法，要到 120 多岁才能领到全部工程款，令人十分不可思议。于是，梁先生一怒之下选择起诉，而我作为代理律师在微博上披露了该案，引发了广泛关注。

珠海市金湾区人民法院负责审理此案。在庭审中，针对梁先生的质疑，红旗镇政府表示，该笔欠款属于历史遗留问题，镇政府已经在努力解决，并且已经每年安排按欠款金额的 2% 还款。镇政府的代理律师强调，梁先生既然接受了欠款，实际上是默认了每年按 2% 还款的方式，而既然默认了，就不应当再告到法庭，法庭也不应当支持他的诉讼请求。

之后，经主审法官主持调解，红旗镇政府与梁先生达成一致，由红旗镇政府在 2015 年 6 月 30 日前分 4 次还清欠款，并承担本案诉讼费；如镇政府未按期还清任一次款项，应承担欠款利息，梁先生有权就其欠款一次性向法院申请强制执行。

据红旗镇有关知情人士介绍，由于历史原因，该镇政府财政有限，选择每年还 2% 的欠款也是无奈之举。但除了梁先生，还有不少债务人都是按这种方式来还款。

代理梁某某诉中山市火炬高技术产业开发区管理委员会、中山市城市管理行政执法局政府行政强制案[①]

➢ 案情回顾

1994 年 6 月 4 日，梁某某与原中山市火炬高技术产业开发区 X 村经济联合社签订土地出让合同，约定该经济联合社将 X 村土名为“石头丘”的土地（面积为 2.0705 亩）转让给梁某某作宅基地使用。随后，梁某某与梁某 1 约定，将上述土地中的 1.0705 亩赠予梁某 1 使用。于是，梁某 1 在此地上建设房屋。

2012 年 12 月 19 日，中山市城市管理行政执法局（以下简称市城管执法局）作出责令限期改正（停止）违法行为通知，认为梁某某未经相关行政管理部门批准，擅自建设上述房屋，遂责令立即停止施工，补办相关报批手续。2013 年 3 月 27 日，中山市国土资源局[②]出具土地利用总体规划用途分类情况表，确认梁某某的“宅基地”位于中山市火炬开发区 X 村土名

① 参见梁＊＊、梁＊＊不服中山火炬＊＊管理委员会、中山市城市管理行政执法局政府行政强制二审行政判决书，载法律快车网，https://m.lawtime.cn/caipan/2622731.html，访问时间：2020 年 3 月 2 日。

② 现更名为中山市自然资源局。

“庙仔前”的286.02平方米土地（具体坐落：海滨社区）的范围内，且其已被规划为林地。

2013年4月15日，梁某某等人前往中山火炬高技术产业开发区综治信访维稳中心上访，称执法部门拟于次日强制拆除上述房屋，但未向其出具任何书面通知。后经工作人员协调，未果。

2013年4月16日、4月25日，中山火炬高技术产业开发区管理委员会（以下简称火炬区管委会）依据属地管理原则，组织辖区内的公安、卫生、城市管理等部门封锁现场，强制拆除上述房屋，并在官方网站上进行相关报道，载明火炬高技术产业开发区按照“属地管理、守土有责、明确职责、齐抓共管、严格考核、以绩为准”的工作原则，以集中整治侵占集体用地、占有公共用地、违反城乡规划的违法建设行为为重点，严防、严控、强制拆除一批新生违法建筑物，从源头上遏制违法建设行为。

2013年5月17日，梁某某认为火炬区管委会、市城管执法局共同实施了强制拆除其房屋的行为违法，遂以二者为被告向中山市第一人民法院提起行政诉讼，提出前述诉讼请求。

➤ 法院认为

经法院查明，在庭审过程中，原告梁某某确认房屋未取得建设工程规划许可，确认房屋对应的土地未取得土地使用证；火炬区管委会、市城管执法局陈述其确有工作人员前往拆除现场，目的分别为协调、维持秩序，实施涉案行政强制行为的主体是中山市国土资源局。

根据原、被告双方的诉辩意见、举证质证情况以及庭审意见，法院认为本案的主要争议焦点如下：一是火炬区管委会、市城管执法局是否实施了强制拆除原告房屋的行为；二是若实施了，该行为是否合法。

关于焦点一：火炬区管委会、市城管执法局是否实施了强制拆除原告房屋的行为。根据原告提供的在中山火炬高技术产业开发区综治信访维稳中心上访时做出的录音和拆除现场的视频资料反映，火炬高技术产业开发区范围内的公交、卫生、城市管理等多个部门与火炬区管委会的工作人员分别于2013年4月16日、4月25日一并前往，分别实施了封锁现场、拆除房屋等行为，这与火炬区管委会在其官方网站上传的新闻报道内容相互吻合，结合火炬区管委会、市城管执法局申请出庭作证的证人黄某某出具的“政府出具了要求梁某某10日内自行拆除房屋的文书”等证言，足以认定拆除涉案房屋的行为实乃火炬区管委会基于“属地管理”原则组织辖区内的多个部门协助实施的行为。同时，因市城管执法局否认实施了强制拆除房屋的行为，参照《中共中山市委、中山市人民政府关于简政强镇事权改革的实施意见》《关于火炬开发区党工委、管委会工作机构内设机构设置的批复》的规定，火炬区管委会自2012年7月16日内设综合行政执法局，属于火炬管委会的分支机构之一，其履行原市城管执法局火炬开发区分局的部分行政职能，因此本案中，综合行政执法局的工作人员实施拆除行为的后果也应归咎于火炬区管委会。据此，原告起诉火炬区管委会，被告主体适格，法院予以支持；原告起诉市城管执法局，被告主体不适格，法院予以驳回。

对于火炬区管委会提出原告是自愿拆除房屋的主张，因火炬区管委会提交的中山市司法局火炬高技术产业开发区司法所和社区干部出具的《关于梁某某违建房屋清拆的情况说明》，仅载明原告曾作出自愿拆除的意思表示，但均未肯定讼争的拆除行为不存在或涉案房屋最终是由原告自愿拆除的，而且对于社区干部出具的书面说明，并未附有说明人的身份信息，证人身份不明，其出具的证言证明力低，而对中山市公安局火炬开发区分局小引派出所出具的《小引派出所协助国土部门清拆X村违建工作小结》，亦未肯定讼争的拆除行为不存在或涉案房屋最终是由原告自愿拆除的。相反，原告提供的上述录音、视频和原告就强制拆除行为进行上访等事实足以证明原告不存在自愿且自行拆除房屋的行为，因此，火炬区管委会提交的证据不足以证明其上述主张，法院不予支持。

关于焦点二：火炬区管委会实施了强制拆除原告房屋的行为是否合法。本案中，原告存在未办理用地审批手续和未取得建筑工程规划许可即建设房屋的行为。一方面，根据当时有效的《中华人民共和国土地管理法》第44条、第76条和《中华人民共和国城乡规划法》（以下简称《城乡规划法》）第64条的规定，应分别由县级以上地方人民政府土地行政主管部门、城乡规划主管部门对未经批准用地、未经规划许可建设履行查处的管理职权。据此，火炬区管委会对梁某某违法建设房屋的行为无查处的职权。另一方面，根据《城乡规划法》第68条"城乡规划主管部门作出责令停止建设或者限期拆除的决定后，当事人不停止建设或者逾期不拆除的，建设工程所在地县级以上地方人民政府可以责成有关部门采取查封施工现场、强制拆除等措施"的规定，火炬区管委会并非县级以上地方人民政府，无权责成有关部门执行强制拆除行为，除非其被授权，否则就是超越职权。同时，根据《中华人民共和国行政强制法》第34条的规定，行政机关应先作出行政决定，且在当事人不履行义务的情况下，方可依法定程序强制执行。本案中，无证据证明火炬区管委会作出了行政决定并履行了法定的告知义务，如违法的事实、适用的法律依据、行政相对人享有的权利等，即火炬区管委会实施的强制拆除行为存在程序违法的问题。因此，火炬管委会对原告的房屋予以强制拆除，属于超越职权，程序违法。

综上所述，原告梁某某要求确认火炬区管委会强制拆除其房屋的行政强制行为违法，理据充分，一审法院予以支持。原告梁某某要求确认市城管执法局强制拆除其房屋的行政强制行为违法，无事实和法律依据，法院予以驳回。依照当时有效的《最高人民法院关于执行〈中华人民共和国行政诉讼法〉若干问题的解释》第57条第2款第2项、第56条第4项的规定，判决如下：一、确认被告火炬管委会分别于2013年4月16日、4月25日对原告位于中山火炬高技术产业开发区X村的房屋予以强制拆除的行为违法；二、驳回原告的其他诉讼请求。

本案一审判决之后，火炬管委会不服中山市第一人民法院判决，向中山市中级人民法院提起上诉。之后，中山市中级人民法院作出终审判决，驳回其上诉。

➢ 律师评析

作为原告代理律师，我认为，本案中，原告建造的房屋因属违法建筑（存在未办理用地审批手续和未取得建筑工程规划许可即建设房屋的行为）而被火炬管委会组织强拆。火炬区管委会的行为被法院认为“超越职权，程序违法”，而被判决确认强拆行为违法。相对而言，梁某某显然幸运得多！他的案件不仅获得法院立案，还赢得了官司，彰显了人民法院追求公平正义的正能量！

代理珠海市金碧房地产开发有限公司告珠海市国土资源局索地价款案[①]

资金“青黄不接”，成交量萎靡……面对愈演愈烈的全球金融风暴，我国的房地产商陷入困境。2008 年 11 月 17 日，珠海市斗门区知名房地产商珠海市金碧房地产开发有限公司（以下简称金碧丽江）委托我作为代理律师，一纸诉状将珠海市国土资源局告上法庭，要求返还 940 余万元土地款，开了珠海房地产业界“民告官”的先河。

金碧丽江总经理高先生为此约见了多家媒体，高调宣布了这一消息，在业界激起轩然大波。

➢ 事件：楼盘售罄，还收地价款

事件缘起于 2006 年。当时金碧丽江通过珠海市商用土地交易中心，以公开挂牌交易的方式，从珠海市恒业房产开发公司受让了位于斗门区桥东永福二路面积 3.4 万多平方米的土地，在交齐 2200 万余元地价款后，便很快办妥产权转移过户手续，并取得了土地使用权证。

2007 年 12 月，此地块上建起的金碧丽江东第一期楼盘销售告罄，业主

① 本文部分内容参见杨亮：《代理珠海市金碧房地产开发有限公司告珠海市国土资源局索地价款案》，载《南方都市报》2008 年 11 月 20 日，第 ZA01 版。

陆续入住。此时珠海市国土资源局斗门分局（以下简称斗门区国土局）于2008年3月和4月两次发函，称根据有关文件，“金碧丽江东第一期”仍需补交940多万元地价款，否则就不予办理房产证。高先生付了这笔钱，但没想到房市随后急转直下，资金开始吃紧，一开始迫于无奈打算将这笔钱分摊到业主身上，要求他们补交购房款，可业主们拒绝并四处投诉。2008年11月17日，高先生委托我正式向斗门区人民法院提交行政诉状，要求撤销斗门区国土局作出的补交地价款的决定。

➢ 开发商：生意难做，只好告官要钱

作为开发商，高先生解释自己并非无理取闹，挑起矛盾，只是想通过这种非常规的方式自救，缓解日益紧张的资金问题。

据其介绍，金碧丽江于2006年就已经将这块地拍买下来，从2006年开盘到2007年12月售完，中间长达两年的时间，斗门区国土局没有任何动静；直到2008年，金碧丽江给业主办理确权登记和房产证时，斗门区国土局才突然告知还需补交940多万元地价款，而当时房屋早就销售一空，这笔钱根本就没有也不可能计入建设成本，这意味着公司卖房时少算了近1000万元。加上2008年金融风暴波及，房市不景气，斗门区国土局的这一举动，无疑是把金碧丽江往火坑里推。所以，在某种意义上，这起珠海房地产“民告官”第一案其实也是2008年金融风暴下，房地产开发链条矛盾严重激化的产物。高先生很是无奈，如果在前两年，就算国土部门多收1000万元，他只要把每平方米房价加100元，这笔钱一下子也就回笼了，但现在关键是房子卖不出去，资金紧张。

作为代理律师，我认为，即使从合同法的角度来看，金碧丽江于2006年就以2200万余元拍下了这块土地，并取得了土地使用权证，应视为合同

已经成立。而政府两年后才突然发现少算了一笔钱，责令其补交，即使有法律依据，但也是政府部门自己的过失，没有及时发现问题，现在要求补交钱，其实是违反了当时的合同，变更了标的价格，于法不合。

➢ 律师说法：施政随意连累开发商

作为珠海市房地产经纪人行业协会法律顾问团团长兼本案原告代理律师，我认为本案是一起反映地方政府土地财政的典型案例，也反映出部分政府部门施政的随意性，极易造成经营者无所适从。如果政府一开始就声明土地所需补交的地价款，那么开发商在2006年竞拍时就会考虑买不买这块地，并且在随后的开发中准确地进行市场定价，也就不会出现如今的尴尬局面。

代理某房主告珠海市公证处一案[①]

➤ 案情回顾

童某得知林某受刘某委托，代理销售位于唐家的一处房产。童某于是找到林某密谋以欺骗手段卖掉房产来牟利。2008 年 5 月，林某对刘某谎称已谈好价钱 206 万元。林某将房地产权证原件拿到手后，找来一名 50 多岁的男子假扮房主刘某，由童某去找人伪造了假的刘某临时身份证、户口本、离婚证明和未再婚证明。

随后，童某便带着假房主到珠海市公证处，利用假证件欺骗公证员，取得销售涉案房产的公证书。2008 年 6 月，童某和林某将该房产以 130 万元的价格卖出，并在珠海市房地产登记中心成功地将房子过户给买家。童某于 2009 年 1 月 29 日被抓获归案，除追回 20 多万元外，其余都挥霍殆尽。

之后，童某因犯诈骗罪，一审被判处有期徒刑 12 年。为追讨损失，原房主刘某委托我作为代理律师，将被判刑的童某及其同伙林某（在逃）、买家罗某与其代理人邓某、珠海公证处均告上了法庭，主张向他们追讨赔偿 200 余万元。之后，香洲区人民法院开庭公开审理了此案。

---

① 本文部分内容参见庞晓丹：《200 万房产李鬼房主贱卖 130 万原房主怒告公证处》，载《珠江晚报》2010 年 2 月 25 日。

➢ 审理经过

林某利用假房主用假的临时身份证、户口本、离婚证明、未再婚证明在珠海市公证处取得了内容为真房主刘某委托他代理销售涉案房产的公证书。公证处未发现委托人身份有假是否存在过错，是否需要承担赔偿责任，成了本案的庭审焦点。

➢ 原房主诉：公证处存在明显过错

作为原告代理律师，我代表原房主刘某主张，珠海市公证处未严格审查委托人及受托人所提交的办理委托公证的身份资料的真实性，出具了公证书，对房屋被偷卖负有过错，应当承担连带赔偿责任。“委托人”所提供的未再婚证明已写明：该证明的出具目的是“刘某因需要办理未再婚公证”，与“房屋委托公证”的申请公证事项不符。但公证员却没发现其中有问题。此外，在中国公证协会制定的《办理房屋委托书公证的指导意见》里，明确要求公证机构在办理房屋公证时，应当在询问笔录中记载“委托人与受托人的关系和授权受托人的原因”。然而，在公证处作为答辩证据提交的“谈话笔录”中，根本没有“委托人与受托人的关系和授权受托人的原因”的记载，这说明公证员未依照规定重点审查委托人的身份是否属实，明显存在过错。

➢ 公证处辩：依法定程序进行审查

被告珠海市公证处称，2008 年 6 月 16 日，委托人刘某（假冒者）与被委托人童某一起到公证处申请办理委托公证书手续，在公证员面前，刘某（假冒者）提供了临时身份证、户口簿、离婚证、未再婚证明和房产证原件，童某提供了居民身份证原件。公证员向申请人告知了办理授权委托书公证的事项，并做了谈话笔录，最后在公证员面前，刘某（假冒者）在《委托书》上签了名。两天后，公证处依法作出了《公证书》，同日，刘某（假冒者）通过银行缴纳了公证费，童某受委托领取了《公证书》。综上所述，公证处认为其已经依法定程序，合理审慎地进行了公证审查，不应该承担赔偿责任。公证处代理律师认为，原告的证据并不足以证明公证处有过错。

➢ 房屋下落：买家又转卖

据调查了解，罗某从童某手上买了房子，但在2009年，罗某又将该房子以188万元的价格卖给了罗某文。在此期间，香洲区人民检察院公诉童某诈骗的案件也在审理中。然而，出于个人原因，原房主刘某并没有向法院申请财产保全。对方代理律师称，罗某购买房子是经过合法程序进行交易的，再转卖房子也是合法的，属于正常的房产买卖，罗某的权益应当受到保护。对此，我作为原告代理律师，主张罗某与童某是串通的，并非对方律师所称的善意买受人。

下编

第五篇

影视生活中的律师门道

写在前面的话

2020年年初的那场突如其来的新冠疫情，让所有人“宅”了一个超长的假期。其间，百无聊赖的我竟追了两部热播电视连续剧：《精英律师》《安家》。

追剧中，我文思泉涌，有感而发，写了不少观后感。这些观后感都是从律师行业角度出发，将自己从律多年的所试、所做、所思、所悟借由剧中人物的言语进行扩充、引申，并形成文字。

其中，与《精英律师》有关的有：《精英律师是什么律师》《律师费“这么贵啊”》《不做“包公”》《律师可能在所有的领域都是专家吗》《律师的办案与不办案》。与《安家》有关的有：《我的字典中就没有“放弃”二字》《惰性，律师的大忌》《实现当事人的终极诉讼目的才是硬道理》《律师业的“老洋房”在哪里》《律师也需要“不要脸”吗》《律师也遭遇“跳单”》《律师“安家”不易》。

上述观后感，都是看剧当时的一些最真切的感受，虽已过去许久，但如今看来仍有可鉴之处，希望能给各位律师朋友一些启发。

精英律师是什么律师

《精英律师》这部热播电视剧，演的是精英律师，但现实中有没有精英律师？如果有，“脸孔”和标签是什么？

我要是说现实中没有精英律师，那么不用等我回到律所，在路上就可能被多如牛毛的法律人捶死了！

说精英律师前，先说说“精英”。

“精英”二字，出自三国时期魏国人刘劭所著的《人物志·英雄》，即“夫草之精秀者为英，兽之特群者为雄”。

而据百度百科，“精英”是指社会的成功人士，他们在能力、见识、财产、素养等诸多方面超过大多数群众，对社会的发展有着极其重要的影响和作用，是社会的“精华”。

由此，我认为，精英律师首先必须是成功人士，是律师中的成功人士，成功是精英律师的最重要标志；其次，他们在能力、见识、财产、素养等诸多方面超过大多数群众（律师、其他法律人）；最后，还必须是对社会的发展有着极其重要的影响和作用，是社会的“精华”。

犯难的是，套用百度百科的这个“精英”词条来定义“精英律师”是容易的，但以上述三个标准（成功，才识双全、有钱有素养，社会之精华）来甄别哪个律师可以冠以“精英律师”之桂冠，则十分不易。

就拿“三个标准”作为标尺往我自己身上量一量，肯定量出我非“精英律师”。

首先，我未“成功”。我始终认为，做律师是我这辈子最差的选择。既然我认为律师对我而言并非人生最好的选择，那么无论同行还是社会，抑或家人朋友都认为我做律师已经很成功，我都不以为是。因此，仅“成功”这一项，就让我从“精英律师”出局。至于第二项和第三项，则无须评估，均离我十万八千里！

既然自己非“精英律师”之辈，那么我对几十万律师同行评头论足，就不怕会因“瓜田李下”而引同行非议、指责甚至抨击了。

律师这行待的时间长了，在说某某是什么时，我喜用排除法，先说那些不是某某什么的，剩下的就是什么的了。

再说律界大佬们。谁是律界大佬？首先想到的当然是有“职称”在身的律师。

有这么几类：一是各级律协会长、副会长、常务理事、理事、秘书长、副秘书长，还有各专业委员会会员、专门委员会主任、副主任；二是身居各级人大、政协的律师；三是各级政府、人大等内设机构的法律顾问；四是贴着教授、学者、仲裁员等标签的律师。

这些律界大佬，头上有“职称”，身上有标签，大多数属于律师中的成功律师，属于社会中的成功人士，也属于人类中的少数人，属于律师中的少数律师。

但是，再拿另外两个标准（才识双全、有钱有素养，社会之精华）来甄别一下，则相当不易，相当犯难！

也不知道“精英”的百度百科词条是谁创设的！如果他是一名律师，且恰好属于律界大佬，看了《精英律师》这部肥皂剧后又对号入座，标榜自己是精英律师，但他不幸地又恰好看到我的这篇文章，他非得气得吐血不可！

用“三个标准”来评价律界大佬们，都不容易将他们列入“精英”律师之列，其他律界非大佬的同行，本人就不再去评价了。说句实在话，别人认为是什么，不重要，重要的是自己的想法！在宇宙里，我们都是一粒微不足道的尘埃；在短暂的人生中，任何荣誉称号都是过眼烟云！

（《精英律师》观后感）

律师费“这么贵啊”

作为律师，经常要面对律师费的贵与不贵这个问题。

热播剧《精英律师》中的罗槟律师在承揽业务时，声称咨询费“一个小时的收费标准是6000元到10万元”，案件代理费根据案件性质、复杂程度、工作所需耗费时间等因素来具体确定，外地民事、经济、行政案件不涉及财产的，不低于5万元。

他的报价引得网友们纷纷提出疑问：现实生活中，律师收费真的这么高吗？

剧中另一关于律师费报价的情节是，罗槟律师在回复一个当事人关于修改协议的请求的报价是：“我们修改一份协议的费用是2万元。”当事人对这一报价的反应是：“这么贵啊！”

这也是我经常碰到的回应。通常紧接着的一句回应是：没想到要这么贵！还有一句回应是：能便宜一些吗？又或者，关于这个事，我找你之前，已经找某某律师咨询过了，他报的律师费比你低多了。这些说法与《精英律师》中的一些台词如出一辙：起草这份协议的律师才收3000元律师费，而你修改协议却要收2万元！

当事人找律师，很多情形下有点儿像去市场买菜，“太贵了”“能便宜些吗”“便宜些，我就在你这里买了”，诸如此类的都是买菜人的口头禅。

当事人把律师事务所当作菜市场，把律师当作卖菜的店主，对我这样的“老司机”来说，早就见怪不怪了。

法律服务领域中，除政府提供的公共法律服务外，律师事务所提供的主要是社会化法律服务，律师获客、获案源纯属市场竞争，当事人找律师可以“货比三家”“货比多家”。如此，当事人“砍价”是必然的，也是律师必须面对的。

当然，当事人有时也很无奈。法律服务市场鱼龙混杂，律师良莠不齐，难免有“价格欺诈”的现象，让当事人上当受骗。

律师与当事人之间有堵墙，那就是信息不对称。好律师在哪里，物有所值或物超所值的律师是怎么样的，怎么判断律师是否有真本事……这类问题由于信息不对称，对当事人而言，永远无解。因此，当事人面对律师报价，都来句“太贵了”“能便宜些吗”，至少可以在收费这方面少吃亏。

律师费的贵与不贵，其实是没有标准的，一般来说，因案而异，因当事人而异，因律师而异。

因案而异。案件只有同类的，没有相同的。案情因人、因时、因事而异。同类型的案件，律师费报价可以参考现有的计算标准，即以标的金额为计算依据，按比例收费，但律师费因案而异也是正常的。

因当事人而异。当事人不同，同类案件，不同案情，当事人的诉求与期望不同。而且，当事人的支付能力也不同。如此，律师对不同当事人区别报价，因人定价，也在情理之中。

因律师而异。同一案件，同一当事人，找不同的律师，进行比较，获得不同的律师费报价，再自然不过了。律师各有“身价”，一分钱一分货；同一律师在不同执业阶段的“身价”不同，此一时彼一时，今时不同往日。

说一千道一万，在律师费上，律师与当事人之间双向选择，各自看菜吃饭！

（《精英律师》观后感）

不做“包公”

“我从不说自己做不到的事情！”

这句话是影视剧《精英律师》中律师罗槟在电梯上说的。我从业十几年，在当事人面前也经常说这句话。个人认为，做不到的事不说，应是律师的底线！

那么，哪些事通常是自己做不到的呢？

首先是“包赢”。官司的结果是输还是赢，有经验的律师通常都可以提前预估。但是，预估结果是一回事，能不能从律师口中说出“包赢”则是另外一回事。对此，我的准则是，律师自己心知肚明即可。毕竟律师不是裁决者，而法官、仲裁员才是裁决者。

在民事、行政诉讼代理或刑事辩护中，律师仅是当事人的帮助者、协助者。这个角色定位决定了律师仅能帮助或协助委托人尽可能争取案件的好结果，而不能“包赢”。

其次是“找法官搞定”。这句话是当事人常说的话，也是一些没底线的律师常说的话。当事人说的是“你认识法官吗？找找法官，想办法搞定”“法院领导熟吗？找领导关照一下”……无论怎么表达，意思都是靠找关系搞定，且必有另外一句：钱不是问题。

我国的国情属于熟人社会，官本位氛围较为浓厚。在这种背景下，“找法官搞定”的案例不在少数，因而成为一些当事人惹诉/涉诉时自然而然的选择。

然而，随着法治社会的不断完善，当事人信或靠“关系”取胜的机会也变得渺茫。

没底线的律师常说的话是：“我法院有人，我帮你搞定!”“法官/法院领导是我同学（亲戚、老乡、老师……），我搞定。”……而接下来的一句话必然是：当事人你要出血（掏钱）。常说这句话的律师被称作“勾兑律师”。

“勾兑律师”① 常有，估计永远也不会消失。但是，我们也常能见到媒体披露律师因行贿而进牢房，因勾兑而被处分，甚至饭碗被端（即被吊销执业证）。

法院判决遵循以事实为依据、以法律为准绳的原则。律师应回归本位：扮好帮助者、协助者的角色，在证据和法律上多下功夫。

律师执业证是律师的“免死牌”（有证在身，至少不会饿死），而干勾兑，一旦东窗事发，轻则被处罚、被吊销执业证，重则进牢房，结果是害了自己，也拖累家人。

律师是人不是神，律师不是当事人的救世主。为了生存，在当事人面前讲讲无关紧要的话，甚至吹点牛，也是可以有的，但是做“包赢”“包搞定”的“包公”则是万万不可能的，也是不可以的。

（《精英律师》观后感）

① “勾兑律师”是指喜欢开后门、谋私利、弄虚作假的律师。

律师可能在所有的领域都是专家吗

电视剧《精英律师》中的罗槟律师，经手的案件有著作权侵权、婚姻家庭纠纷、房屋产权纠纷、人格权侵权、商业秘密纠纷等各种类型，且未输过！

有观众质疑：现实中真有这样拥有十八般武艺的“全能”律师吗?!

这个质疑很正常，因为人们在打官司时通常希望能找到一位有着丰富经验的专业型律师，以为找这样的律师更靠谱些。而不少律师同行也喜欢标榜自己是某类案件的专家，专打某类官司，且都是胜诉的案例。

其实，律师首先是靠信息不对称这一优势工作的。芸芸众生中，律师只有几十万人，在法律知识及打官司套路上，相对于普通人而言，律师无疑是更为专业的。如果没有这种在信息不对称环境下的相对专业，甚至是绝对专业，那么律师只能去喝西北风了。

如此，从这个角度看，只要是有点儿经验的律师，都是专业的，在法律知识及打官司的套路上，律师都称得上是专业户！

律师之所以是律师，是因为有专业门槛，不仅要通过法律职业资格考试，还须实习，经实习考核通过，领取执业证并持证上岗，执业后每年还须年审，须接受不少于多少小时的执业培训……所以，只要是律师，理论上都是专家，都应当是专家。

但是，在现实的司法实践上，律师干的又是技术活，且在传统上类似工匠干的活儿，除掌握书本上的知识外，还需要熟悉打官司的各种套路，且打官司的套路又在不断变化中。法律的生命在于适用，打官司的过程就是法律适用的过程，律师需将法条、裁判规则套在一个个案情不同、复杂的具体案件上。

如此，律师办案不仅需要靠时间和阅历来积累日常生活经验准则，还需要通过大量的办案经历积累各类案件的办案经验，以及经过大量的庭审活动积累应对法官、对方当事人、对方律师、己方当事人、证人、出庭专家、旁听者，甚至媒体记者的经验。由此，律师不可能是全能的，不可能在所有的领域都出类拔萃，也不可能是常胜将军。

当然，在今时今日的信息化时代、互联网时代、大数据时代、区块链时代下，回答“律师可能在所有的领域都是专家吗”这个问题时，又必须与时俱进。

当今，技术驱动法律，已是很多法律人的口头禅。既然技术驱动法律，那么那些掌握技术（互联网技术、大数据技术等）的技术派律师，就有机会比一般的律师更容易成为专家，甚至成为全领域的、无边界的专家。

因此，人们就不能简单地断言律师不可能在所有的领域都是专家。

（《精英律师》观后感）

律师的办案与不办案

过去，律师都是办案律师，是现实且合乎理性的；现在，非办案律师的出现和存在，是理性的，也是律师业发展壮大的现实需要。

在《精英律师》的各色人物中，演员孙淳饰演的权璟律师事务所创始合伙人、执行合伙人封印主任，给观众留下的印象不像一位律师，而更像一位调停者，基本上见不到他办案，也见不到他参加具体案件的讨论。那么，他还是律师吗？

他当然是个律师！如果不是律师，他怎么可能是创始合伙人？怎么可能是执行合伙人？又怎么可能是权璟律师事务所主任呢？

这就引申出一个问题：律师分办案律师与非办案律师吗？

回答这个问题，尚需费点儿功夫。

《中华人民共和国律师法》第2条规定："本法所称律师，是指依法取得律师执业证书，接受委托或者指定，为当事人提供法律服务的执业人员。……"

依此定义，律师是执业人员，是取得律师执业证的为当事人提供法律服务的执业人员。而"法律服务"包括办案以及与案件有关的法律事务。

被评为美国"最伟大总统"的林肯，在25岁以前并没有固定的职业，为了维持家计，他还当过俄亥俄河上的摆渡工、种植园的工人、店员和石匠等。

成年后，由于精通测量和计算，他成为当地的一名土地测绘员，常被人们请去解决地界纠纷。1836 年，林肯通过自学成为一名律师，后在斯普林菲尔德与人合伙开办律师事务所。不久，林肯成为州议会辉格党领袖，并于 1846 年当选为美国众议员，于 1860 年当选美国总统。

也就是说，在多数情况下，当一名律师以律师这个职业为生时，大概率是个办案的律师。

当然，人们也看到或碰到过非办案律师。而且，非办案律师越来越多，以至于有位律师同行以“亲自办案律师”为标签招揽客户。其意思是“我是亲自办案的律师，你们找我没错，我亲自办案，我靠谱!”

律师业经过几十年的发展，确实已经开始出现分化。律师开始分为办案律师和非办案律师。这种分化缘于律师业业态的变化和分工。传统的律师都办案，因为那时的律师基本不需要营销，那时的律所也基本不需要营销，也谈不上需要管理，律师各干各的，井水不犯河水。

而现在，律师业业态越来越商业化，越来越多的律所走向“连锁”，走向集团化，甚至全球化。其结果自然是催生了律师职业的分工，越来越多的律师由万金油式的办案律师细化为某个专业化领域（细分领域）的律师，还有的律师转去做营销、做品牌、做律所管理与经营，甚至催生出了负责律所经营管理的职业经理人。

黑格尔说，存在即合理。凡是合乎理性的东西都是现实的；凡是现实的东西都是合乎理性的。过去，律师都是办案律师，是现实且合乎理性的；现在，非办案律师的出现和存在，是理性的，也是律师业发展壮大的现实需要。

（《精英律师》观后感）

我的字典中就没有“放弃”二字

我在看孙俪主演的大剧《安家》。我问老婆大人：看这部剧，能从中学什么？她答：学销售。我的感觉同她一样，看这部剧，可以学销售，学习营销技巧。

在第一集中，房似锦（孙俪饰演）有很多金句，比如“我的字典里就没有‘放弃’二字”“我必须掌握客户所有的情况”“您需要我这样的专业人士”，等等。这些金句适用于所有领域的销售人员。律师业也不例外。

第一，“我的字典就没有‘放弃’二字”。

坚持才有机会成功，才可能比别人更成功。成功的人的字典里未必有“坚持”二字。但字典里有“坚持”二字的人，在同行业，在同领域，做同样的事，成功的概率比人生字典中无“坚持”二字的人肯定大得多。

第二，“我必须掌握客户所有的情况”。

这里所说的客户，包含现有客户、目标客户、潜在客户。尽可能了解客户所有的情况，而非部分的或单项的情况，只有这样，在维护客户、开拓客户、发现客户时，才可以真正做到有的放矢，找到突破口和切入点，才可能事半功倍，寻得“捷径”，才可以续约，签更多新单，才可能新客户源源不断、钱财滚滚来。

第三，“您需要我这样的专业人士”。

在任何服务业中，客户最先认可的肯定是服务提供者的专业度，而非其他。律师业更是如此。您需要我这样的专业人士，这句话隐含了两层意思：您需要专业人士帮您；我是专业人士，我有为您提供服务的专业水准，我有能力帮您。

更为重要的是，房店长的话语中还透露着绝对的自信！是的，绝对的自信！这种绝对的自信，正是很多律师缺少的，尤其是很多青年律师欠缺的。

（《安家》观后感）

惰性，律师的大忌

“你是算盘吗？拨一拨，动一动。”（出自房似锦，电视剧《安家》第二集中的台词）

我们每个人都有惰性，律师也不例外，但惰性对于律师尤其是营销型律师来说，更是大忌。一个有惰性的营销型律师，是做不好营销、拿不回案源的。惰性是一种得过且过的心态。

有惰性的人，做什么事都要看领导，自己没有目标，也没有动力，就像算盘，拨一拨，动一动，不拨就一动不动。甚至有的拨了之后，人不仅不动，反而还要倒回原位。这种人更麻烦，你不拨，他还在那儿，拨了他，反而往回缩。因此，有算盘心态和做法的人做不好律师，更做不好营销。

有惰性的人可能会说，那就不做营销型律师，做办案律师总可以吧。其实，更不行。如果把案子交给一个有惰性的律师，那这个律师有时可能会把当事人害惨。

为什么这么说呢？因为这种律师不会去主动搜集证据、检索法律、研究案例；更不会主动和当事人沟通，了解整个案件事实。当案件起诉至法院，他甚至不会主动去跟法官沟通。如果是刑事案件，他更不会主动跟主办案件的警察、检察官沟通。

这类人的特点就是尽量少做事，能不做就不做，拖拖沓沓，没有安排。

他们总是会觉得这个案件离开庭的时间还早着呢，离上诉期还早着呢，一切都不用着急，到了最后关头往往才临时抱佛脚。

这样，他没有充分的时间办案件，又怎么能把案件吃透，打赢官司呢？所以，有惰性的律师且不说能不能做好市场，但肯定办不好案件。当事人如果把案件委托给这样的律师，那最后一定会大失所望。

我看《安家》，主要是从律师营销、律所营销的角度来观察的。现如今，律师行业已经是一个纯粹市场化的行业，竞争非常激烈，以至于律师们为了能够拿到案件，有的愿意做风险代理（即先免费帮客户做案件，等案件胜诉了再收取律师费），有的愿意帮客户垫付诉讼费，甚至有的会买断债权等。

那么，在这样一个行业市场化、竞争白热化的业态下，一个律师事务所的销售或者一个独立的律师想要有案源，应该拿什么去竞争呢？如果这个人本身还有惰性，像一个算盘一样，那么他的竞争力在哪儿？团队的竞争力又在哪儿？

所以，我说一个有惰性的人，绝对做不了一个好律师，更不能放到律师事务所的市场部。放到市场部的人都要有冲劲，有狼性。我们讲“饿狼扑食”，就是说像狼一样要抢、要跑，只有跑得过其他人、抢得过其他人才行。

假如饿狼碰到一头“人高马大”的狮子该怎么办？它行不行？通常情况下，饿狼会这样想：第一动作一定要快，第二怎样才能使动作更快。而有惰性的人就会选择放弃，这类人做不好律师，更做不好市场，因此一定不能把这类人放到律师事务所的市场部。

那么，律师为什么会有惰性呢？这要从行业性质说起。律师行业有时候也靠运气，运气好的时候，开一单就能管一年。这种偶然性也就使一些律师养成了惰性。

律师执业证，对律师来说，就相当于一块“免死牌”。容易满足的律师多半会认为，赚点律师费能养家糊口就可以了。再者，律师是一个有门槛的职业，且我国律师总人数占总人口数的比例远远低于欧美发达国家。这些原因都使得养家糊口的“小满足”很容易就能够实现。正是这样一块儿相对肥沃的土壤，无意中培养了很多有惰性的律师。

一个成功的律师，或者说一个老律师，有惰性可能还不那么可怕，因为经过阅历和经验的洗礼，他对案件已经有一种熟稔的把控能力，知道哪些事情可以偷懒，哪些事情不能偷懒，能够做到心中有数。

可是如果一个年轻的律师，尤其是要自己找案源的律师，有惰性就太可怕了，因为这种律师既办不好案件，也不容易找到案源。

现在很多律师转行做法务，把律师执业证视为一个“备胎”，总是抱着“律师不行，转去做法务；法务不行，再转回来做律师”的想法。其实这种“备胎”的想法，说到底就是“怕”的心态。

对此，我经常讲，案源在市场，要靠你去拿回来，天上没有掉馅饼的事，即使天上掉馅饼，你也得弯下腰去捡。

看完《安家》第二集，我非常确信，想要成为一名成功的律师，就不能像算盘一样，拨一拨动一动。当然成功的律师标准有很多，但首先是要有案件做，要懂得从哪里找到案源。

再者，如果有一个案源摆在面前，你要能斗得过同行，有抢得过同行的能力，这样才更有机会快速成为一名成功的律师。

（《安家》观后感）

实现当事人的终极诉讼目的才是硬道理

我在追电视剧《安家》时，经常与团队的小伙伴们分享剧中的一些营销之道，同时指导他们将之应用到律师营销、律所营销中。

《安家》与以往的职场剧不同，它是一部把镜头聚焦于大街小巷随处可见的中介群体，通过买房、卖房等故事情节反映房产中介群体工作生活的影视作品。

剧中女主角房似锦的台词频频引发人们的热议，如“身为房产中介，只有卖出房子才是硬道理”！

我把这句台词提出来与团队中的小伙伴们分享，引导他们思考：身为律师，我们的硬道理是什么？

团队中有小伙伴回答“能拿回来案源才是硬道理”“能打赢官司才是硬道理”。这种回答不能算错，但也失之偏颇。我认为身为律师，获取服务机会只是第一步，更重要的是要把案子办好，实现当事人的诉讼目的。

我们都知道，在不同的案件中，当事人的诉讼目的是不同的，有些诉讼目的直接体现在当事人的诉讼请求中，而有些诉讼目的却往往藏在当事人的脑袋里。

所以我经常说，当事人不仅有“明”的诉讼目的，还经常有“暗”的诉讼目的，既有“有形”的诉讼目的，也有“无形”的诉讼目的。

我们律师不仅要实现“有形”的诉讼目的，还要力争去实现“无形”

的诉讼目的，这样才能更好地为客户服务，获得客户更高的满意度。

现实中，大多数律师往往只追求实现当事人“明”的诉讼目的，认为只要实现该目的，就是办好了案。我非常不认同这种观点，个人认为实现“明”的诉讼目的是对律师最低层次的要求。

下面我将用两个例子进一步对此予以说明。

第一个例子：广东融聚律师事务所接受了一位客户关于名誉权侵权纠纷的委托代理。他的诉讼目的是什么？是为了出气，让侵权人给他赔礼道歉吗？是，但并不完全是。

他的真正目的是阻止侵权行为的继续发生。从该客户表述中，我们可以得知，侵权行为人是一个非常难缠、不讲道理的人，如果不起诉，单靠客户的一己之力是无法阻止侵权人的侵权行为的。为了消除侵权人对客户正常生活的影响，他只能诉诸法律。

本案中，客户的诉讼请求皆为他在法律上可以主张的利益，与其诉讼目的完全一致。

第二个例子：某律所未经同意，擅自将广东融聚律师事务所主办的公众号“融聚劳动法”上首次发表的一篇文章在其公众号进行推送。

该篇文章是广东融聚律师事务所律师做了深入研究后独立撰写完成的，某律所在没有注明出处的情况下进行推送，侵犯了广东融聚律师事务所律师的著作权，对此肯定是可以维权的。

那么维权的目的是什么？除了要求侵权人停止侵权、赔礼道歉，还有更深层次的目的，即通过这个案例，树立起同行之间互相尊重彼此的知识产权、劳动成果的意识。

现在法律类公众号的很多文章都互相抄来抄去，律师本身不尊重知识产权的情形有很多。然而，大家应该明白的是，在公众号上发表的律师所写的文章也是有著作权的，未经作者同意私自改编并不注明出处的行为侵犯了作者的网络信息传播权。

律师本身是法律体系的维护者，那么大家在公众号转发文章、引用他人观点时，就要尊重他人的劳动成果，切勿侵权。这个目的能写到诉讼请求里面吗？显然是写不了的。

另外，还有一个更深层次的目的，那就是帮该名律师树立知识产权合规专家的品牌、形象，通过这个著作权侵权案例帮他进一步树立品牌、打造品牌。

所以，当事人的诉讼目的，有的可以写到诉讼请求中，也有很多诉讼目的是没有办法在诉讼请求中表明的，或者不便在诉讼请求中列明。律师能不能了解到当事人没有写到诉状中的诉讼目的呢？

诉讼请求与诉讼目的是两个不同的概念。从狭义上来说，诉讼请求是当事人希望法院对其请求作出与之相对应的具体判决；从广义上来说，诉讼请求是当事人主张的法律上的利益。

诉讼目的概念的范围远大于诉讼请求，它不仅指当事人主张的在法律上的利益，还包含了当事人提起诉讼程序背后想要实现的目的，是当事人通过诉讼想要达到的一种或多种目标。

所以诉讼请求只是诉讼目的的一部分，甚至只是一小部分，但肯定不是诉讼目的的全部。而律师的功夫在于如何发现、知晓、明晰当事人真正的诉讼目的，了解诉讼请求与诉讼目的之间的差别，然后通过专业的服务实现当事人终极的诉讼目的。

总而言之，身为律师，能够帮助当事人实现终极的诉讼目的才是硬道理！

（《安家》观后感）

律师业的“老洋房”在哪里

电视剧《安家》中的徐姑姑（罗晋饰演）是一个卖老洋房的专家，曾出版过一本关于老洋房的书。龚家大院的主人龚先生正是因为拜读过徐姑姑的作品，认为徐姑姑在老洋房领域有深入的研究，于是在公司急需资金周转的情况下，委托徐姑姑出售龚家大院。

出售的过程虽然几经波折，但最后还是实现了买家和卖家双赢的局面。在庆功晚餐上，徐姑姑与房似锦聊天时，说道：“每一个老洋房都有自己的呼吸，有自己的个性，有自己的主人，单单都不一样。其实有很多人放弃老洋房，并不是说它做的有多么辛苦，多么麻烦，而是接受不了失败的结果，心浮气躁的人是走不进老洋房的世界的。”

做房产中介的人都知道“老洋房”是一块不错的业务，“三年不开张，开张吃三年”，成交一套“老洋房”的佣金相当于卖几十套公寓或普通商品房。

但却很少有人会坚持去做，其原因在于这块业务的特点是资源少，客户群体集中，标的额大。做这块业务，要求中介人员不仅要懂行，还要有广阔的人脉，否则很难立足。因此，老洋房便成了房产中介业务中的一块“硬骨头”。

那么，有没有律师行业的“老洋房”呢？如果有，是什么？怎么做？

答案是“老洋房”存在于每个服务行业中。律师业当然也不例外，只是什么是律师业的“老洋房”，见仁见智。至于怎么做，也是因“房”而异，因人而异。

很多律师同行认为非诉业务（上市、并购等）是律师业中的“老洋房”，之所以这样认为，是因为这样的非诉业务通常被认为是律师业中的高端业务。那么就上市、并购等非诉业务而言，到底是不是律师行业中的高端业务呢?

这个问题，当然是见仁见智。要我说，律师业的各种业务类型并没有高端、低端之分，也不应该被划分为高端、低端。

法律服务有不同类型，有不同项目、不同案件，这导致对律师的专业方向及专业水平的要求肯定不同，律师收费也不一样。

曾听不少律师同行说，上市、并购业务是“鸡肋”，并不好“吃”。看起来单个项目收费很高，但由于投入的人力多、时间长，收费虽高，最后利润却并不高。

当然，项目完成后，律师团队如果有机会陪着上市公司老板们敲钟，在庆功宴上喝鸡尾酒，也挺风光的。从这点儿来说，这个板块的业务是律师业的“老洋房”也没有错。

另一块儿业务是不良资产。这块业务是律师业的“老洋房”吗？不良资产业务标的大，如果成交，律师收费不菲。

但是这块儿业务，通常都需要律师投入资源（渠道、关系、金钱等），时间跨度也长。同时，由于这块儿业务本属“不良”，其中难免会有“地雷”，因此做这块儿业务的律师“踩雷”的也不少。比如，很多业务采用风险代理的方式，最终做成亏损的并不少见。

下面来谈一谈“低端”业务，即民间借贷业务。这块儿业务常被从事

"高端"业务的同行视为低端业务。

那么，这块儿业务究竟是高端，还是低端？我认为，不同的人有不同的看法而已。其实，民间借贷纠纷对当事人来说很重要，有些人借出5万元、10万元就会失眠，担心到期收不回来怎么办？

如果律师认为这块儿业务不是高端业务，不是我们要的"菜"，也不是"老洋房"，那么用这种心态去接这类案件，结果可能会有两种：第一，可能接不成，因为与当事人之间无法建立信任感；第二，即使接了，也可能做不好或者不会好好做，因为潜意识中已将此看作一个低端业务，不会付出太多精力。

对于当事人来说，一个案件无论法律关系复杂还是简单，只要摊上了事，就都不是小事，老百姓天生对"衙门"就有一种敬畏。

就民间借贷而言，因为需要诉诸法庭，对老百姓来说，就是大事，就是一个"高端"的事情。当事人的认知如此，那么做这块儿业务的律师就应当将这块业务捧为"老洋房"，认真对待。否则，案子做不好，终归无法获得当事人的认可，就可能难以立足。

所以，律师把业务分为高端、低端的做法本身就是错的。把非诉当作高端业务，把诉讼当作低端业务的认识，更是某些同行的一个认识误区。

我认为律师业的"老洋房"无处不在，涉及所有的领域。我们不应该以标的额的大小来划分，认为只有标的额大的才是"老洋房"。虽然通常标的额大的案子或项目，律师费也相对较高，但有很多标的额小的案子或项目也算是"老洋房"。

为什么呢？一个当事人最初找到你时，可能委托你的是一个小案子，不是一个"豪宅"，律师费可能更是少得可怜，办这个案子不仅不挣钱，还有可能亏钱（对律师而言，亏时间就是亏钱）。

但是，如果你认为它不是“老洋房”便拒绝了，那么谁又能保证当事人在10年后不会成为第二个“马云”，而你之前没有与他建立良好的信任与合作关系，他发达后摊上“大事”会委托你办案子吗？会将项目交给你做吗？会请你做法律顾问吗？

律师业的“老洋房”存在于所有的业务中，甚至存在于现在及未来建立的客户关系中。所以，要想做好律师，眼光就不能太局限，而要放眼未来。

就像电视剧《安家》中徐姑姑说的，曾经有一单生意，他做了5年，最终也没有搞定。这5年之所以没有搞定，原因有很多，可能是人家没有把房子委托给他，也可能虽然委托他了，但还没有找到合适的买家。

律师业也是这种情况。如果当年蔡崇信看不上初创的阿里巴巴，没有做出现在所有人都认为是正确的选择，那么他就不会是今天的蔡崇信。

律师业的“老洋房”不等于人们自以为高端的业务。很多律师不愿做交通事故案件，也不愿做婚姻家事案件，更不愿做劳动争议工伤案件，但其实这些业务做得好的话，也会有很好的收入和发展。

业界就有很好的例子，北京的一家律所专做交通事故，另一家专做婚姻家事，都做成了业界翘楚。对他们来说，交通事故、婚姻家事案件就是他们的“老洋房”。

我写这篇文章的目的，就是想跟年轻律师讲清楚，让他们了解律师业的“老洋房”无处不在，关键在于是不是你的“菜”！

俗话说“行行出状元”，在律师业亦是如此，每一个业务板块、每一个专业细分，只要努力耕耘，只要用心坚守，就有可能是你要找的“老洋房”！

（《安家》观后感）

律师也需要“不要脸”吗

电视剧《安家》中有个小人物，叫楼山关，他在开出自己人生的第一单时，在庆功会上向同事讲述了自己的经验，他说：“想吃肉，不要脸，就得不要脸，持续地不要脸，就吃上了肉。”

有时候，房产中介在外行人眼里，就有点儿“不要脸”。他们可能早上会在店门口喊口号、做操，还可能会在路边举着牌子，向路人发楼盘传单，不知疲倦地邀请路人跟他们去看房。

律师这个行业，在民众眼里，则是另外一种形象——外表光鲜、谈吐得体、专业严谨，是正义的化身等。

然而，只有做律师的人自己知道，有时候可能也需要有点儿“不要脸”的精神。

律师同行曾总结过做律师有“十苦”，第一苦就是案源之苦。案源是律师生存的来源，没有案源，纵然你有再多的专业知识，纵然你再有经验，也可能还是养活不了自己。

那么，律师的案源从哪里来呢？

有些律师的案源来得很容易，全不费功夫，但这样的律师实为少数。“二八法则”在这个行业同样存在，20% 的律师赚走了 80% 的钱，而 80% 中的不少人可能只是法律民工而已，有的甚至在律途中，为一日三餐苦苦挣扎。

我本人从2005年8月正式做律师至今，其中的酸甜苦辣，如人饮水，冷暖自知。我也有过“不要脸”的经历，当然也看惯了同行中的一些人的“不要脸”。我在带团队的过程中，也经常告诫团队成员，尤其是年轻律师、助理、实习律师，要想出人头地，有时候要有点儿“不要脸”的精神。

律师业是一个高度社会化的行业，当今律师行业的竞争进入了白热化的阶段。如今我们经常通过做一些线上或线下的沙龙等活动进行宣传，这既有助于提升律师团队的知名度，也能为传播法律知识、加强学术交流尽自己的微薄之力。

在做沙龙时，我们首先要准备邀请函，广而告之，于是通常会在自己的朋友圈以及各种微信群里面进行推送、分享。

然而，哪怕我们的这些活动都是免费的、公益的，是在传播知识、帮助中小企业的老板们，但当我们在推送时，还是经常会被某些微信群的群主当作广告而提出警告，或者被直接踢出群。

我的伙伴们在面对这种情况的时候，会沮丧，甚至会有强烈的失落感，以至于不愿意再在朋友圈或者微信群里面推送、分享。

面对他们的诉苦，我会告诉他们，我们做的也是服务业，在服务业的属性上，我们跟其他的服务业没有区别，社会认知也是这样。其他服务业在推广时，要脸皮厚，我们也要脸皮厚。

看过《安家》之后，我再加上一句话，我们也要有楼山关那种“不要脸”的精神。

我也经常讲我的一些“不要脸”的经历给我的伙伴们听，包括面对同行时的“不要脸”。刚入行时，作为一名律界新人，在做宣传时，我曾经遭受过某些同行的嘲笑。

但由于我自己是半路出家做律师，我需要让认识我的人知道我转行做了律师，需要让不认识我的人知道这个城市有一个律师叫林叔权，这样才能有案子做。

围绕这一点，我就借助媒体去宣传我自己，在各种媒体上露脸，给报纸的社会新闻做点评、写文章，在电视台、电台做节目，在网络上开博客，以至于在很长时间内，我把自己的名气搞得很大，并因此被同行的一些人指责为虚假宣传。好在我这人脸皮厚，好在我的个性是我行我素，我走我的路，任人评说。

看了《安家》之后，我才发觉我的个性中有点儿“不要脸”的精神。

当然，同样是服务行业，律师和物业中介等服务行业还是存在着一些区别。作为律师，特别是草根律师，虽然要有一点儿“不要脸”的精神（不仅要学会“不要脸”，还要善于“不要脸”），但是在律途上，还是要矜持一点儿，能不为五斗米而折腰，就不要折腰。在可能遭遇诸如韩信“胯下之辱”的问题时，要坚决拒绝，因为多数律师都没有机会成为韩信这样的英雄。

固然律师需要有“不要脸”的精神，必要时也可以“不要脸”，但正因为我们是律师，所以我们要有尊严地执业，坚守住律师的底线，过有尊严的生活，追求有品位的人生。

（《安家》观后感）

律师也遭遇“跳单”

电视剧《安家》中有这样一个情节，饲料大王林茂根想买一套老别墅，便去很多房产中介放盘，让中介帮他找“老洋房”。

因为林老板最初展现的是一个很随和的形象，以至于他最后“跳单”，越过房产中介私自跟业主成交并赖掉中介费的行为，都让我感到特别意外。

其实，在现实生活中，像林老板这样的人并不罕见，他们的“跳单”行为存在于各行各业中。

我们律师同样也会遭遇“跳单”——当事人找各种理由要求少付或者不付律师费。

部分律师对客户的咨询一般都是不收费的，但不收费并不代表律师没有付出成本。

很多律师经常会碰到一种情况，就是前期为当事人花了很多时间，做了很多研究，甚至对案件进行了深度的分析，然后毫无保留地将研究成果告诉当事人，贡献了自己的智慧成果，但在给当事人报完价后，当事人就再也没有音讯。

当事人遇到法律问题，找很多家律所进行咨询、比较，这一点无可厚非，就像相亲一样，我们不能强求见一面，就让人家“姑娘”嫁给你。虽然我也能接受这种结果，但对于花费时间成本这一点来说，这也是一种亏本。

而如果接受委托并办理完案子后，当事人以各种理由要求少付甚至不付律师费，如剧中林老板那样“跳单”，以“没有签订委托代理合同”为由耍赖，就非常可恶。

律师遇到的不付费的当事人，通常有两种类型。

一种是根据委托代理合同约定按阶段付费，后面没有付清的部分，当事人自以为不需要律师的时候就不付了。或者你帮他开完庭了，他跟你讲后面阶段不用你代理了，要解除代理合同或者撤销授权，其实质还是不想付律师费。

另一种是风险代理。帮当事人打赢官司，该收的款项都收回来了，当事人不按约定支付后期费用，找各种借口推托。比如，当时不了解，律师在签合同的时候没有给他讲清楚，甚至有的当事人会说，当时没有看清委托代理合同的内容……

这个时候，当事人的目的就是想跟律师砍价。律师都帮他把事情办好了，官司打赢了，结果他还来砍价，那律师这时候就很尴尬了，往往只能答应他的无礼要求，否则就可能要跟当事人通过打官司才能解决。这种情况下，律师往往会选择让步。

我做律师的这十几年中，虽然没有具体统计过被当事人“跳单”过几次，但是也不会少。下面就来讲一讲我遇到过的一些“跳单”情况。

曾经碰到过这样一起离婚案件，该案基本上已经做完了，不需要律师都可以了，但是当事人每天早上八点半准时到我的办公室报到，为什么呢?因为她没事干，那我就要接待她。

长此以往，难免心情烦躁，有一次没有忍住，就向她发脾气了。这时，当事人就说，我给你付律师费，将案件委托给你，你还敢跟我发脾气!

现在回想起来，她当时其实是故意找碴儿，想让退律师费。律师的时间很宝贵，我怎么舍得把时间浪费在这种人身上呢！后来没办法，只得退给她一部分代理费，她才消停下来。

还碰到过一个有点儿可恶的当事人，为了退律师费，便说自己得了尿毒症，去律协、司法局投诉。律师费总共才5000元，他要我退一半。

我本来是坚决不想退的，后来跟律所的领导汇报，发现收到律师费后，没有及时给客户开发票，这一点做得有点儿不规范。但在客户投诉之前，发票其实已经开出来，只是放在案件袋里罢了。

尽管如此，这一点从我们律师执业规范上来说，也是违规的。于是，律所的领导就建议采取息事宁人的方式处理。

还有一件债务催收案件，办理得也很漂亮。该案中，当事人的几百万元本来大概率是收不回来的，但在我的服务之下，通过补救以及仲裁程序，最终帮当事人把几百万元债款收了回来。

当时委托代理合同约定，案件代理结束后，当事人应再付××万元的律师费。但是，事成之后，当事人开始讨价还价，说一些风凉话，比如“你看你这个钱赚得多么容易啊，我做生意亏了很多钱，为了追这笔钱交了多少诉讼费”。

他说的这些情况其实跟律师一点儿关系都没有，但是他就是不想付事先约定好的××万元律师费。后来僵持了一段时间，我想想觉得算了，把时间浪费在这种客户身上不值得，最后减免了几万元的律师费，才结束了这件事。

还有一种“跳单”会发生在调解结案的案件中。通常情况下，律师收取服务费的方式是按诉讼阶段收取。有些案子虽然调解结案，但是其中律师也是需要付出很多的努力，而当事人却不这样认为。

当事人觉得，案子是调解结案，律师不用开庭，不需要继续跟进案件进展，工作量减少，所以便以此来要求律师减少费用。如果律师不同意减少费用，那么他就会想方设法地“折磨”律师。律师经不起“折磨”，就只能让步。

有一种项目，我是坚决不做的，即使利润很丰厚，也不做，原因是怕被“跳单”。这种项目就是律师充当居间方。

近十几年来，房地产行业很热门，律师服务过的客户中，难免会有的人需要地皮，有的人需要资金，律师在这两者之间恰好能起到桥梁的作用。还有并购项目、股权融资项目，律师除了提供法律服务，还有提供居间服务的机会。

在我执业的过程中，也遇到过不少这样的机会。凡是机会来的时候，我都会要求与当事人提出签订居间服务合同，但往往一提到签约，基本上没有人会跟我签，所以这一块儿业务都做不成。我很佩服在上海做并购的一位律师同行，能够从并购的中介中赚到钱。

面对“跳单”这种事情，律师通常都是很无奈的。之所以造成这种无奈的局面，主要有两方面原因。

一方面是因为法律服务是一个完全市场化、竞争白热化的行业。作为律师，获得一个案源很难，有了案源后，让当事人委托自己并按约定支付律师费也很不容易，这就导致律师在面对当事人时，总是有一种“我让着你”的心态。

之所以有这种心态，是因为大部分律师还没有达到“当事人委托与否，自己都无所谓”的状态。

另一方面是因为律师的价值没有获得社会的认可。在法律服务市场上，一旦律师与当事人之间发生争议，律所的管理者、司法行政管理部门以及律师协会往往以息事宁人的姿态处理纠纷，往往不能客观公正地保护律师的合法利益。

这种处理方式导致部分不诚信、喜欢贪便宜的当事人容易不分青红皂白地去投诉律师。而律所的管理者、司法行政管理部门、律师协会则像部分家长面对自家孩子被告状的情况一样，首先下意识地认为自家孩子存在过错，招惹了是非，从而先责备自家孩子。

“家长”们这种固有的思维及纠纷解决模式，也是律师行业被“跳单”的另一主要原因。

林老板“跳单”这个影视情节引发了我对律师行业被“跳单”的一些思考。但就《安家》整个剧情的编排而言，最终彰显了正义——林老板最终主动回来找房似锦“买单”，付中介费。

那么，律师的“正义”什么时候才能实现同样的效果呢？

很多时候，我特别想跟那种“耍赖”的当事人打一场官司，以维护自己的合法权益。事实上，我也曾经打过两三次，且都打赢了，收回了应得的律师费。最大的一单律师费官司，标的额为490万元，还在诉讼当中。

我认为，律师在面对不诚信的当事人时，不能一再地迁就、软弱。只要律师尽职尽责，不存在违规行为并且获得良好的诉讼结果，当事人就应当按约定支付律师费，律师要求当事人按约定支付律师费也是理所当然的。

我一直主张律师不能纵容不诚信的当事人，因为纵容不诚信的当事人就是对律师自身价值的否定。因此，当律师被“跳单”时，应当拿起法律武器，维护自身合法的权益。

（《安家》观后感）

律师“安家”不易

在一次律所会议中，我与律师团队的几位年轻人聊未来。其中一位律师在厦门实习期满后回到珠海执业，他对未来的规划是在珠海安家立业。

当时，我帮他分析了一下。首先说“立业”，然后谈“安家”。

我认为“立业”方面，不用担心，因为他取得了律师执业证，在职业道路上虽未必一路坦途，但有了此证，这个“业”就算是立上了，不仅现在有了，未来也是有的。做得好的话，从小律师到名律师再到大律师，康庄大道摆在那里，往前走就是。

而“安家”方面，就需要考究一下。首先，必须有“人”，有爱人才有家，而爱人讲究缘分，碰到才有。其次，必须有房，而说到房，那可是天大的事。房子是压在年轻人身上的大山，对年轻人而言，大多数人会感到压力很大，青年律师也不例外。

青年律师取得律师执业证后，有三条路径：一是找一家律师事务所，做独立律师；二是找一家律所，加入一个律师团队，这种也算是独立律师；三是做聘用（授薪）律师，帮一个律师老板或几个律师老板打工。

前两条路径，面对的最大困难是案源，还有每月的账单，比如律所卡座费、管理费、社保、住房公积金、律协公费、交通费、营销开销等。几时有案源，是否有律师费进账，未知，皆靠天吃饭。

律师的成长，有规律；律师由小律师到大律师，有套路。但是，规律也好，套路也罢，都离不开时间的沉淀。多数律师是不可能在短时间内（一两年甚至三五年）赚到大钱的，更不可能一夜由小律师成为大律师。

在珠海，聘用（授薪）律师，第一年工作年薪为 8 万 ~ 10 万元，工作两三年后年薪约为 10 万 ~ 15 万元，想再往上涨，没有人请或没有人请得起了。所以，总体而言，律师入行，即便是从取得律师执业证开始（取证之前的法律职业资格考试、实习，不计时间）的三五年，基本上都得苦挨、死撑，当然个别人除外。

如此，不必多说，大家可知律师尤其是青年律师“安家”不易！

我是“半路出家”做律师的，2003 年 37 岁那年通过司法考试，2005 年 39 岁才正式执业。执业前，家已安，业则重立。执业后五年内，同样经历了死撑、苦挨。当然，我当时之苦，与当今青年律师之苦不一样。

在那五年时间里，我前两年靠“投入”撑着、挨着。2005 年那年卖了珠海三灶的一套 50 平方米的旧房，得款 2.5 万元，其中拿 1 万元捐了一个企业联合会，当上了该联合会的副会长，剩下的 1.5 万元用作备用金、周转金，就这样撑了两年。这两年内基本上没有拿钱回家供家用，家里靠吃老本度日。

后三年，有些起色，每年的律师费收入从 30 万元涨到 50 万元，基本实现收支相抵，能有点儿盈余。再后来，自己办律所，北漂广州，折回珠海，再到如今的逐梦大湾区，总之一直在折腾着。但是，折腾归折腾，总算良性循环，也算是奔走在律界的康庄大道上了。

《安家》这部大剧讲各色人物的“安家”故事，印象最深的是那位与爸妈蜗居在上海弄堂一间小屋内的壁橱上的朱闪闪——“橱窗”姑娘。由此，不禁联想到自己年轻时做过“厅长”的经历。

1987 年，刚大学毕业分配到珠海特区发展公司工作的我踌躇满志，却两次被分到客厅居住，当上了所谓的“厅长”。

写到这里，自然而然地想起了唐代杜甫的那首《茅屋为秋风所破歌》：“安得广厦千万间，大庇天下寒士俱欢颜！风雨不动安如山。呜呼！何时眼前突兀见此屋，吾庐独破受冻死亦足！”

自古以来，除了达官贵人和部分家境相当不错的普通人，大多数人安居并非易事！不是只有青年律师安家不易，我等资深律师当初“安家”同样不易！

《安家》大剧终了，“安家”故事则会延续下去。在此，我祝愿所有青年律师的“安家”之路顺顺利利，心想事成！

（《安家》观后感）

下编

第六篇

关于青年律师的成长思考

写在前面的话

自2019年5月发起大湾区青年律师成长沙龙活动及创办律媒社以来，我经常在交流中，从青年律师的角度，对律师、律师业务、律师业进行思考。作为一个过来人，深知青年律师成长路上必经的“苦”与“难”。

青年律师，“苦”于案源开发，没有案源就没有业务。要想把律师职业做成“金饭碗”，首先必须解决的就是案源问题。对此，我通过《案源“四要素”：律所营销、渠道为王、专业为本、信任至上》《渠道为王，有渠道就有案源》《渠道开拓，不要说没办法》《什么样的客户才会给律师转介绍案件》四篇文章，讲述了我在案源开发方面的一些思考和总结。

青年律师，“难”在思维转变和能力提升。互联网时代下，律师的成长路径与以往早已有所不同，他们可以充分运用一切可以获取的资源来提升自己。但在这一过程中，传统的“个体户”思维和“传帮带”模式却成为部分律师成长的“绊脚石”，还有一些“半路出家”或“非法本”的律师，会在执业发展中有过多专业性不够、综合能力不强的担忧。对此，我通过《律师营销首先从观念的改变开始》《“半路出家”或“非法本”的律师的优势在于营销和律所运营管理》《过早的专业化是否会限制青年律师的发展》《天道酬勤，青年律师快速成长的秘诀》《青年律师首先应摒弃传统的“个体户”思维，远离传统的“传帮带”模式》《律师职业没有必要成为青年律师一辈子的不二之选》《综合能力更重要》《事业心态是青年律师化解压力的利器》《在律师业“五化”面前，青年律师逃无可逃》九篇文章，讲述了我在青年律师以及律所发展方面的一些反思。

这些文章的观点纯属一己之见，虽难免偏颇，但仍期待起到抛砖引玉之效。

案源“四要素”：律所营销、渠道为王、专业为本、信任至上

➢ 律所营销[①]

律所、律师在提供服务这一点上，与其他服务行业在本质上并无区别。其他行业提供的是产品、服务，律所、律师提供的也是服务。

律所营销的关键点在于“营销”二字，世界上任何行之有效的市场营销方法、手段、理论在律所的营销中同样适用。但律所营销有其特殊性，比如律所、律师在对外宣传时，存在诸多限制，且必须严格遵守律师执业规范。

律所营销须以专业性为前提，以专业为本进行营销。律所营销须以客户需求为出发点，目的在于创造、获取和维系客户。

➢ 渠道为王

如何创造、获取客户，也就是如何找到案源，是很多律师面临的问题。渠道为王，有渠道就有案源。找到渠道，就是找到案源之矿，好的渠道就

① 此处律所营销包含律师个人及团队的营销。

相当于一个金矿。

何为“渠道”？渠道其实无处不在。当今社会，形形色色的商会、协会、同学会、老乡会以及各种组织，都是律师获取案源和客户的渠道。

如何建立这一渠道，如何有效运用渠道，至关重要。找到渠道并不困难，难点在于如何把渠道予以有效运用。渠道的建立、维护需要有计划、有规划、有系统地去运作，但任何运作均离不开专业的支持。

➢ 专业为本

专业是律师的立身之本，专业化是律师行业的发展趋势，只有在专业化建设道路上走得更远，才能为当事人提供更好、更优质的服务。打造专业律师，组建专业团队，设立专业律所，是法宝，也是武器。律师本身专业须过硬，律所品牌宣传须以律师专业为前提。

专业是信任的源泉，而信任则是专业长远发展的基石。当我们用专业的法律服务与客户沟通、与各方斡旋，不断地为客户解决问题、化解纠纷，日积月累下来，客户便会更加信任我们。

➢ 信任至上

客户的信任，来源于律师的专业。在取得客户基本信任的前提下，只有你足够专业，才能取得客户更深层次的信任。

信任，是客户对律师最好的理解与尊重。客户信任你，信任你的专业，自然而然地会将案件交给你，会将你介绍给身边的人。客户是律师最好的营销伙伴，客户是律师打开渠道的连接点。

信任对律师、律师团队乃至律所的发展至关重要，信任是律师行业持久发展不可或缺的元素，是律师成长和行业壮大的生命线。信任是金！

那么，怎么获得当事人的信任呢？以个人经验而言，诚实、勤勉、不唯利是图，是律师建立信任品牌、树立信任标签的三个关键要素。

一是诚实。

诚实为本，实事求是，实乃老生常谈，但放之四海而皆准！律师服务，本质上与其他服务行业没有任何区别。骗人的把戏在别的服务行业吃不开，在律师业同样会遭遇滑铁卢。而夸大其词、拍胸脯、打包票、包赢等不实事求是的行为，终会被案件的最终结果“打脸”！

二是勤勉。

律师服务是技术活儿，律师是吃专业饭的。专业的练就，技术的累积，必须是以勤为本！律师的天分各有不同，悟性也有参差。不具备天分、悟性不够，都不要紧，但勤能补拙，勉能填缺。而且，当事人的眼睛永远是雪亮的，你的勤勉，你的努力，你的坚持，当事人都能看到，都会记住。

三是不唯利是图。

律师业虽是服务业，但律师是专业人士，不是商人。唯利是图是商人的本性，而追求公平正义则应是律师的天性。即便日趋商业化已是律师业的必然趋势，但对于律师个体而言，保留追求公平正义的一份天性仍然是必要的。

渠道为王，有渠道就有案源

如何找到案源，是很多年轻律师面临的问题，也是我在主持大湾区青年律师成长沙龙中经常被问到的问题。我的回答是：渠道为王，有渠道就有案源。找到渠道，就是找到案源之矿。

第一步，如何找到渠道？渠道无处不在。当今社会，形形色色的组织多如牛毛，只要用心去找，总有一款适合你。比如，各种协会、商会、同学会、老乡会，都是律师的渠道。

第二步，要找就要找好的渠道。但是，这并非易事。什么是好的渠道？投入产出比例高的、有挖掘潜力的，就是好渠道。

一个还没有其他律师或律所加入的协会，就可能是个好渠道。相反，已经有律师加入或多位律师存在的，相对而言，可能就不是你要的"菜"！

找渠道好比找对象。主动出击的人往往更能找到心仪的对象。青年律师找渠道也要主动出击，并且要持之以恒。

第三步，如何让渠道接纳我们？这也好比相亲，相亲时大家都会努力展示自己的优点，吸引对方，让对方感觉到和你在一起会幸福快乐。

同样，一个组织是否接纳我们加入，取决于我们能否在短时间的交流中展示优点，打动对方，使对方相信我们的加入能为他们带来利益和帮助。

第四步，怎么利用渠道？找到渠道、进入渠道，还远远不够。要学会在渠道中挖掘客户，定期或不定期组织座谈会、培训会、交流会是一个好办法。

组织活动最关键的问题在于吸引尽可能多的单位和相关的人来参加。组织的活动，会有成功之处，也会美中不足。要不断总结经验，然后就会越做越好，最终取得丰厚的回报。

渠道开拓，不要说没办法

不要说没办法，不要轻易说不可能！

我们做律所经营、渠道营销时，千万不能说没办法，这不仅针对我们律师行业，对各行各业而言，也都是适用的。没有真本事的人总是会说没办法，但有本事的人永远都不会说没办法，而是认定即使某一法律服务领域不容易赚到钱，也还是要学会自我沉淀，积极学习相关知识，多参与实践，不断积累，如此才有从量变达到质变的可能。

那么不要说没办法的前提是什么？首先我的思维模式是，我要做什么事，我永远不会先觉得没办法，我先想的是我要去做这件事和怎么去做这件事，然后开始去做，然后在做的过程中再不断调整，也就是试错再纠正。

我这个年纪都允许自己走弯路，因为我的目标是工作到2035年，那还有十几年的时间，我怕什么错误呢。你们比我年轻很多，所以你们更应该不怕走弯路。

在坚持上面所说的思维定式后，也许你会发现它带给你的最大收获就是你的思维慢慢开始改变了，你以前的思维模式可能是“这个做不了、这个不能做、这个是不可能的”，但你现在想的可能都是“我怎么去做、怎样才能做好、怎么就能走得更长远”。

说到渠道开拓，你可以给自己定一个目标，比如每个月增加一个渠道，这样积累下来慢慢就会像滚雪球一样越滚越大。渠道的开拓是逐步推进的，比如说你现在建立了 A 商会这个渠道，不能说就天天想着怎么经营 A 商会这个渠道，其他 B、C、D 等商会也需要同步去推进和开拓。这样的话，虽然你每天都会很忙，但是忙了一段时间之后，你就会有收获。

不要怕被拒绝，这个口号和理念在我们提出来后，接下来该怎么做呢？这就需要我们想办法，不要轻易说不可能。

将之前的不要怕被拒绝和不要说没办法结合起来，多加一个不要轻易说不可能。什么事情都是有可能的，只要我们不怕被拒绝，只要我们不说没办法。

不要说没办法、不要说不可能，这些话说出来很容易，其实做起来很难。比如，我们组织一场活动，首先就是要去想，要想到才能去做。

怎么才能想到呢？那就需要有敏锐性，需要做很多工作。你需要观察协会在做什么，这个行业内的人在做什么，这就需要我们眼观六路，接收大量资讯，但如果没有做好准备，那么被拒绝也是很正常的。所以，我们不怕被拒绝、不要说没办法的前提，就是要做好充分的准备。

面对一个陌生的渠道，在介入的时候，我们要做好充分的准备。比如，在去拜访别人之前，有没有提前研究一些问题，比如我们要去见的人是谁、要和对方谈什么、去了之后能不能找到切入点、能为别人提供什么服务？

要知道，我们去拜访别人，就是想利用对方所拥有的这个渠道，而对方也知道我们想要利用他们的渠道，因此在拜访交流中，只有做好事前准备，才有可能使对方在交流中感觉利好，进而促成合作。即使第一次被拒，也应吸收经验教训，为第二次、第三次拜访做好充分准备。

什么样的客户才会给律师转介绍案件

➢ 客户的范围和定位

首先，律师的客户就是当事人。这里的客户指的是狭义的客户，就是委托你代理过案件的当事人。

但是律师的客户除了这种有合同关系或者曾经有合同关系的客户，还有一类客户，也就是第二层次的客户，即有合同关系的当事人的家人、亲戚、朋友、同事和同学等。第二层次的客户也是律师潜在的客户群体。

然后，还有外围的客户。我们通常认为，一个人周围大约有250个关系密切者，除了家人、亲戚、朋友、同学和同事以外，还有外围的朋友圈，即他们之间密切的接触者。就像在新冠疫情防控期间，寻找密切接触人群时，需要对与疑似病例有过密切接触的人，如整个车厢或者整个会场的人，进行排查。

如上所述，律师的客户群体中，第一层次是当事人，第二层次是当事人的家人、亲戚、朋友、同学和同事，第三层次就是外围的朋友圈，叫作密切接触者。这些都是我们律师的客户或潜在客户。

律师要有案源，要让客户转介绍。客户转介绍的客户不能单纯理解为有合同关系的客户或当事人，而要把范围扩大。律师如果做到让当事人转介绍客户和案源，然后又让当事人的家人、亲戚、朋友、同事和同学转介绍，还有外围的朋友圈也转介绍。若能如此，那么律师通过客户转介绍获得的案源就会由量变达到质变。

我跟很多律师交流过，大家都认可客户转介绍不仅是一种最有效的营销方式，还是最有效的案件来源渠道。在这种方式下，成案率最大，也最节省营销成本。

总的来讲，我们律师不能把转介绍的客户定义为狭义的客户，而应该定义为广义的客户，这样客户转介绍的空间就会很大。

➢ 什么样的客户会转介绍

我们解决了客户转介绍中客户的范围和定位问题，接下来的第二个问题就是怎么让客户转介绍。怎么让客户转介绍，要分两个层面来讲。

第一个层面，就是什么样的客户会帮我们转介绍，把我们推荐给他的亲戚、朋友、家人、同事和同学，然后这些人再向他们的外围朋友圈予以推荐。

这里我认为，最基本的一点是，当事人对律师是满意的，尤其是我们曾经服务过的当事人。首先，当事人对律师代理案件或提供法律服务的过程以及代理案件的结果是满意的。如果他对我们的服务、工作和结果都不满意或意见很大，他当然不会帮我们转介绍。而且这种情况下，不仅不会帮忙转介绍，还有可能会向司法局和律师协会投诉，甚至到法院起诉律师，要求退还律师费，赔偿损失。这样的客户，对我们的服务和工作不满意，当然不可能指望他帮我们转介绍。

律师被当事人缠住不放的情况也是有的。曾经有一位律师，代理了一起工伤事故案件，当事人对获得赔偿的数额不满意，当然也就是对律师工作不满意。这个不满意可能有两个方面的原因：一是律师没有如实告知当事人风险；二是律师给了当事人比较高的期望。

判决结果出来后，当事人就去司法局和律师协会投诉律师，甚至最后还向法院提起了诉讼。因为他认为，律师在办理这起工伤案件的过程中，存在过错，所以要求司法局对律师和律师事务所作出处罚。但是，司法局、律师协会在调查之后，认为律师及其事务所在代理案件过程中，虽然没有做到尽善尽美，但并不存在违规行为，没有违反律师的执业规范，因此作出了不处罚的决定。而作出这个决定后，当事人就去法院把司法局告了，同时也把律师事务所作为第三人告了。

所以，我们律师经常会讲一句话，律师最大的敌人有可能正是自己的当事人。当当事人有事情需要律师办理和服务的时候，当事人是能沟通的。但是，当事人有时也会过河拆桥，尤其是当律师的代理工作没有做到尽善尽美，或者说代理的结果不理想，那么当事人就很容易把对案件的期待转换为对律师的愤怒，很容易就将律师当成他的敌人。甚至他对法院判决的不满也会转移到律师身上，所以这种当事人当然不可能会帮我们转介绍。

所以，只有当事人对我们律师的工作和服务满意的情况下，才有可能帮我们转介绍。

第二个层面，我们还需要做到让当事人在对我们满意的基础上，认可我们。

这种认可是超越满意的，意味着当事人不仅认可律师的工作、服务和代理案件的结果，还认可律师的为人以及律师团队（包括律师助理、律所里面的工作人员）的工作和服务。

另外，还要尽量做到让当事人崇拜律师。在珠海这么多年，我自认为是做到了这一点的。我不仅做到了让社会对我认可，还做到了让当事人对我崇拜。这里面的崇拜，既来源于我们的当事人，也就是有过合同关系、服务过的当事人，也有基于对我的崇拜而找上门来的人，还有因为对我崇拜而把我介绍给相关的亲戚、朋友、家人、同学、同事以及他们的朋友圈。正是因为做到了这一点，我才能够获得源源不断的案源。

总结一下，什么样的客户会给律师转介绍？

第一，最基本的一点是，对律师的工作服务、案件结果是满意的，或者有时候虽然对案件结果不满意，但对律师服务的过程是满意的。

第二，对律师是认可的。在满意的基础上，对律师及其团队是认可的，对律所是认可的，甚至对前台、财务提供的这些服务也都是认可的，那么当事人就很可能会帮忙宣传。当他的家人朋友、同事、同学或者外围的朋友圈需要律师的时候，当事人就可能会转介绍。

第三，除了认可，最好能够做到让当事人崇拜律师及其团队。这样当当事人跟别人交谈时，就会开口闭口都是那个律师真厉害，是一个好律师，是一个公益律师，是一个不计较的律师，非常敬业，能力很强等。如果当事人带着这种崇拜心理去认可律师，那么只要一有机会，身边的人有需要，他一定会帮忙宣传和转介绍。

当事人对律师的满意、对律师的认可、对律师的崇拜，通过他的朋友圈口口相传，日积月累下来，就相当于对我们律师转介绍了。

总的来说，当事人第一对律师是满意的，第二对律师是认可的，第三对律师最好是崇拜的，那么当事人就会转介绍。

律师营销首先从观念的改变开始

法律服务的本质是服务，这一点与其他服务业没有本质区别。其他服务业的任何有效的营销理论、工具、方法，都可以为律师业所运用和借鉴。

当然，律师业借鉴其他行业的营销理论、工具、方法时，需与律师业的特殊性相匹配。而律师业区别于其他服务业的特殊性有很多。律师、律所找到其中的特殊性，并与营销的渠道、工具、方法相匹配，就可能取得成功。

律师、律所在有效营销方面通常存在困难，其原因首先在于律师、律所的传统观念能否有所改变。越来越多的律师、律所虽已意识到营销的重要性，且已将营销付诸实践，但观念的改变仍任重道远。

➤ 专业积累还不够

举一个例子：律师尤其是青年律师，入行后总认为自己的专业积累还不够，还不能或不敢出去大胆地推销自己。这种观念非常错误，但普遍存在，甚至根深蒂固。

面对这一错误观念，我常告诫他们：北上广深中，每个城市的人口都有一两千万，而律师人数仅仅几万人，那么相对于绝大多数人，你读了法律专业，过了法律职业资格考试，经实习并经考核，取得了执业证，如同取得驾照一般，你已经可以堂堂正正地上马路，也可以开上高速公路，那么你还在纠结甚至担心自己不够专业，难道这不是杞人忧天吗?!

因此，律师营销以专业为本，首先需摒弃自己还不专业、还需专业积累的陈旧观念。

➢ 只办案或只办好案

律师营销需要律师改变的另一观念是：只持续做一件事。师傅经常告诫徒弟：一辈子做好一件事。意思是，你刚出来做律师，帮我把交给你的案件跟好就好了。潜台词是：别想东想西的，别不安分。这种观念害惨了一大批青年律师!

我认为，这种观念大多暗藏的是成功律师（师傅、前辈）的私心，它让许多律师一辈子只会办案，而不知道怎么接案，从哪里接案。人们可以推崇匠人精神、崇拜用一辈子做一件事而终成正果成为匠人的人。

但须知，做匠人的前提是有人给活儿干，源源不断地有活儿干。律师这行，需要自己找米下锅，需要自己买锅碗瓢盆，因此在学会办案的同时，必须懂得接案，使自己能有案子办!

青年律师要明白这个道理。明白了，那入行之后就不能只做办案一件事，不能只想怎么办好案这件事，而是必须眼观六路，看看同行，看看师傅，看看成功律师，思考他们怎么来的案源，树立一个或者几个效仿的目标，依样画瓢去做，才会有出头之日，才可以弯道超车，才不会落到一辈子都在愁案源的地步。

➢ 不着急做专业定位

律师营销首先要改变的第三个观念是：专业定位需要时间。这句话乍一听似乎也没有错。刚执业的律师，不知道自己的兴趣点在哪儿，也不知道选择什么专业方向、专业领域才有前途。所以，他们往往会想慢慢做着看，不着急去定位。

但是，我之所以将其认定为误区，是错误的观念，其原因主要在于以下两点。

一是律师对于多数人来说，就是一个职业，是一份养家糊口的活儿。既然如此，选择什么专业方向，为什么非得与兴趣挂钩呢！这个就像结婚，既然人都要结婚，为什么一定要嫁给爱情或因爱情而娶呢?！君不见，幸福的婚姻，有几对与爱情有关呢?！

二是青年律师都在说，弯道超车。但有“慢慢来”的思维，又怎么能实现弯道超车呢？对于青年律师而言，在专业定位或者专业方向、领域的选择上，我的观点是宜早不宜迟，宜快不宜慢。通常建议是：碰到什么，定位什么；周边律师同行没有什么，就定位什么；人家有了或者都有人占了，你就在大类中做细分。例如，在刑事辩护领域，刑辩大咖多如牛毛，你就再细分赛道，如毒品辩护、诈骗辩护、非法经营……按类罪去定位，或者干脆按罪名定专业方向。

实在想不好定位什么，那就抓阄儿确定！可以找出律师协会各专业委员会名册，从中随便抓一个专业，当然可一次选定三个，并以一个为主，两个为辅。选择后就甩开袖子开干，开公众号，写文章，编辑案例，在微信、微博、抖音、朋友圈之类的自媒体平台或渠道中积极发表；然后，加入律师协会对应的专业委员会，做个委员，开始学会给自己贴标签，且一定不要怕往外推送！

记住一点，你的专业标签首先是给同行以外的人看的，所以不要怕同行笑，也不用担心资深律师、成功律师的不屑眼神。都不怕！

问题来了，选错了怎么办？首先，对错没有标准。其次，广东有一句话：骑牛揾马。先推着看，有更合适的再重新选。青年律师的优势之一，就是时间上的相对优势，即便错了，也有时间、有机会纠错和重选。

在这一点上，要力避“剩女”思维！“剩女”思维是怕找错“郎”的思维，即一直怕找错，一心想找到“对”的对象，然后再嫁，结果就剩了！我认为，青年律师专业定位的确定应宜早不宜迟，其中的道理与找对象结婚是一样的。

➤ 单打独斗

律师营销第四个要改变的观念是什么呢？那就是单打独斗的观念。

传统观念认为，律师是一个自由职业者。何为自由职业者呢？简单地说就是自己单干。大家所有的路线都是“师傅带徒弟”，即师傅带徒弟做案子，直到徒弟拿到律师执业证。这个时候，师傅就告诉徒弟：“你出师了，可以独立执业了，可以自己单干了。”而且，现在大部分青年律师、新入行的律师也是这么打算的。

那么，为什么会有单打独斗这个观念呢？这是由以下两个因素决定的。

一是历史原因。20 多年来，律师事务所由原来的国办所深化改革变成现在的社会所，律师也由原来的“事业编”变成了现在的社会人，单打独斗的观念以及律师事务所合伙制模式便是这种模式变革下的产物。

以前，很少会有律师去聘请律师来打工，即便换作现在，这个比例也是很少的。律师事务所的状态基本上都是个体户，主打“师傅带徒弟”的模式。律师事务所就像菜市场一样，租一个摊档，自己卖菜自己收钱，自负盈亏，自力更生。社会中的很多律师事务所都是在“卖卡座位”，基本上很少有公司化、一体化的律师事务所，授薪制律师的比例相对较少。

以珠海为例，珠海目前有1000多名律师，但授薪律师的比例不会超过20%，最多也就20%。珠海的授薪律师总人数有没有超过300个？我感觉是没有的。

以前的授薪律师则更少，你在律所实习拿到证后，律所还会不会继续请你，请你三年、五年、十年八年的，甚至是一辈子。有没有？没有啊。而现在一体化、公司化的律师事务所出现了。不仅如此，律师行业也出现了商业化、集团化、连锁化、专业化、全球化等发展趋势。

当然这些发展趋势有些是互相包容的，但也说明传统单打独斗、“师傅带徒弟”、拿到执业证就自力更生的律师发展路子，将越走越窄，我们律师要做营销，就要转变这个观念。

但很遗憾的是，现在大部分的青年律师或者新入行的律师还是这种传统观念，当然这也是由这个行业的状况导致的。

二是律师自己的传统观念。坚持传统观念的律师大多认为，有律师执业证就能执业，就能养家糊口、赚大钱。他们有团队的观念吗？显然没有！

但是，现在律师行业发展的整个大趋势就是我刚才讲到的商业化、集团化、连锁化、全球化、专业化。青年律师或者新入行的律师没有认识和了解这个行业的发展趋势，还是拿着以前的传统观念，去做营销、去拓展案源的做法，当然是不行的。

所以第四个要改变的观念就是要改变单打独斗的观念。那么怎么来改变单打独斗的观念呢？个人认为，首先要认识现在律师行业的大趋势是什么，然后将自己的职业规划、人生规划纳入其中，从而找到自己的职业定位。

总之，律师职业发展不能离开大趋势，不能逆势而为。律师的有效营销，必须摒弃个体户思维，摒弃单干的传统观念和做法，而是应该找一个好的平台或团队，以团队、平台为根据地进行营销。

在这方面，广东广信君达律师事务所洪树涌律师的做法，就非常值得借鉴。他就是借助四大平台快速成长起来的。他的四个平台分别是广东广信君达律师事务所这一大所平台，还有商会平台、慈善平台，以及由洪树涌律师、许向前律师和刘鹏涛律师等共同发起的星火律师平台。

借助这些平台，借助团队力量与资源，洪树涌律师把自己打造成刑辩名律师，成为“羊城毒辩”之一，成为广东广信君达律师事务所刑事辩护领域的领头人之一。青年律师可以他为学习、效仿之标杆。

“半路出家”或“非法本”的律师的优势在于营销和律所运营管理

对于跨行业的年轻律师，开始时是应该在实践中多磨砺，还是通过考研系统化地提升专业能力？这个问题，我的观点是：“半路出家”或“非法本”的律师的优势在于营销和律所运营管理。

其实，这个问题实质上是关于“半路出家”或“非法本”的律师怎么去做律师以及如何规划职业发展。

通常来说，“半路出家”或“非法本”的律师会有更多其他领域的经验及非法律领域的专业知识。现在业界中，也有很多“半路出家”或“非法本”的律师做得很好，甚至有一些比“科班出身”的法本、法硕、法博律师做得更好。在某些方面，“半路出家”或“非法本”的律师甚至更有优势。

“半路出家”或“非法本”的律师，他们可能有更多的工作经验和社会阅历，以及拥有法律以外的其他领域的专业知识，而且还通过了以前的司法考试或者现在的法律职业资格考试。

那么即便他们没有系统地学过法律，但在律师职业门槛上，非法本的律师与法本的律师甚至是有硕士、博士学位的律师相比，在起点上并没有什么不同，即法律职业的起跑线是一样的。因为司法考试或法律职业资格考试是从事律师职业的一个统一的门槛。

那么，他们反而有优势的地方在哪里呢？“半路出家”或“非法本”的律师通常有别的工作经验，有别的专业领域的知识。这些工作经验、社会阅历和其他专业学科的知识，对做律师来说，是很有帮助的。

而法本、法硕、法博等有法律专业背景的律师一开始可能没有工作经验，没有社会阅历，也没有其他领域的知识。而法律服务因其服务特性，要求从业人员需要具备法律专业领域以外的知识、经验！

因此，这些都是跨专业（非法律专业出身）的律师与“科班出身”的律师相比而言，所拥有的优势。在这种情况下，“半路出家”或“非法本”的律师完全没有必要担心自己做律师会没有优势，反而在有些方面应该更有自信。

实践中也是这样的。很多“半路出家”做律师的人，都做得很好。现在很多律师事务所、法律服务机构的主要合伙人、经营者原本并不是学法律专业的，这个也是中国律师行业的一个特色。

相关的这类例子有很多。我自己的经历也是这样。我是“非法本”且“半路出家”的，但我认为我在做律师方面没有任何障碍，跟拥有法律专业背景的律师相比，也没有什么劣势。我觉得我自己在律师业做得已很成功。

法律知识体系的建立、法律素养的培养，对律师来说，是很重要的。而这些不是说读了几年法律本科，或者是读了法律硕士和博士就有的。读了法律本科、硕士或博士，只能说建立起了法律知识体系，但法律素养未必能通过学校里的教育建立起来。

对于律师来讲，法律思维比法律知识体系的建立更加重要。我认为，法律素养是一种法律思维，这种思维不是说学了法律专业就会有。

法律思维必须有一定的工作经验、社会阅历，才能够形成或建立。另外，判断力也很重要，它需要有更加综合性的知识和足够的社会阅历，才能够形成。

我还观察到，其实在做营销、做律所机构管理和运营方面，有很多“半路出家”或“非法本”的人，而且他们很有优势。反而，科班出身的人的选择空间会比较小，大多在某个专业领域或某一类案件上老老实实地做律师。

所以，我想给“非法本”的律师一个建议，即他们并不一定要在法律专业本身上面去发展，比如说只是办案或做非诉这些极具专业性的事。

他们可以选择做律师事务所的经营管理，可以选择营销工作。也就是说，可以从开拓市场开始，或者直接去经营一家律师事务所。

当然，在这个过程中，在有需要的情况下，时间、精力和经济上也允许的话，也可以继续深造或进修，考研读博，给自己贴上一个更加专业的标签。这样对经营管理律所，或者做营销，无疑也是有帮助的。

过早的专业化是否会限制青年律师的发展

过早的专业化是否会限制青年律师的发展，甚至影响青年律师执业初期案源的获得？执业初期，万金油式地拓展案源是不是会更有利于促进青年律师的良性发展？毕竟提供专业化服务应该是建立在阅历和执业经验基础上的，执业初期多接触不同法律领域后，再定位于某一专业与领域，是否会更有利于青年律师的发展呢？

我认为，青年律师在专业化的积累上，可以借助技术而快速、低成本地获得，并最终实现弯道超车。

青年律师的成长是有阶段性的。在温饱问题尚未解决的情况下，首先要考虑的是生存问题，如果此时没有一个好的平台或身处三、四线城市甚至乡村，不做万金油式律师，将无法生存。但是，在条件允许的情况下，建议尽可能做某一领域的专业化业务或专业化细分的业务。但专业化也是相对性的，在大的专业化方向的基础上，还可以继续细分。当然，专业化的细分需要根据实际情况而定。

如果是在三、四线城市执业，不做万金油式律师，将难以立足，但即便是做万金油式律师，也需以专业化的形象面对客户，才能占据市场，取得客户信任。如果是在一、二线城市，比如北上广深等地区，就越早走专业化道路越好，且专业化越细分越好。

当然，阅历和经验的积累对律师很重要，但青年律师既没有必要也不可能由青年积累到中年甚至老年才去走专业化的道路，毕竟阅历和经验的积累也是相对的，何况在大数据时代下，办案经验的积累并不一定靠“熬”去获取，而是可以靠技术手段和工具获得。换言之，在专业化的积累上可以借助技术而快速、低成本地获得。青年律师可以实现弯道超车！

天道酬勤，青年律师快速成长的秘诀

我首先说说我自己。毫不谦虚地说，我认为我是一名成功的律师。而我的成功，不是靠天分，而是靠勤奋。

2005 年 8 月，我正式成为一名独立执业的律师。几乎每天都是我第一个到达律所的办公室。即便没有事情做，我也坚持准点上班。

那么大家可能有疑问：既然没有事，那么早到办公室，干什么呢?

答案是：没事做，才更加需要坚持准点上班。因为一个人做一件事，需要进入状态。做律师，只有坚持准点上班，养成到办公室的习惯，才能够进入状态。

我没事干，在办公室待着，就想着怎么才能有事干。当时，就想到一点：让认识我的人，知道我转行做律师了；让不认识我的人，知道珠海有一个律师，叫林叔权。所有的一切，就围绕这两点去做。果然，我没有用多长时间，就把自己做成珠海最出名的律师。是的，最出名，2006—2013 年，最出名，没有第二。

当时，博客刚刚兴起。我在搜狐网，开了自己的博客。房地产开始升温，我的博客就专注房产，把自己搞成大 V。

我以“搜狐博客林叔权”为关键词在百度进行搜索，还能弹出来不少网页。这说明，我辛勤经营搜狐博客，在网上留下自己的名字，留下自己的文章。我的文章，被转载，被媒体报道，至今都在网络存在。十几年过去了，现在冷不丁地还会接到网友来电，说在网上看到关于我的什么文章或案例，自己现在碰到类似的问题，要向我咨询。这说明，律师在网上留痕，太重要了。但要想网上留痕，律师就应该辛苦耕耘，多写、多推送，而且最好是原创。

过去的付出，通常都不会白费。这也是我经常说的道理：只要我们这辈子一直在做律师，今日的努力，日后都会有回报。此类例子，我可以讲出很多！

我自己的勤奋，要讲也讲不完。下面，讲讲我的同行，两名因勤奋而成功的律师。

惠州律师余安平曾在我发起的大湾区青年律师成长沙龙第四期上进行主题分享，说道："用勤奋充实自己。"他的这句话，我很推崇。我推崇他，不仅仅因为他这样讲，还因为他这样做了。尤其是在2020年春节期间，他让我见识到了他的勤奋！

春节期间，余安平律师在今日头条、微信公众号等平台不断地发表文章，有的文章内容写的是春节期间的点点滴滴，有的是把以前写的文章重新整理予以发表。在这一点上，我是自叹不如的。

往年，我都是过完正月十五，再正式开始上班。过年期间，我一般不工作，因为觉得辛苦了一年，需要休息调整一下。所以在过年期间，我就每天追电视剧、出门散步、晒晒太阳、买买菜、遛遛狗……

2020年，我的安排是2月3日（正月初十）开始上班。但后来由于受新冠疫情防控影响，推迟到了2月10日。我之所以把春节后的正式上班时间安排得比往年提前了，目的就是要提前进入状态，让同事们更加努力、更加勤奋地工作，因为我看到有其他的律师同行比我们更加勤奋、更加努力，比如余安平律师。

我观察了一下，2020 年春节假期之后，有些律师同行已经复工，并开始进入工作状态，但大部分人还在休息。我们不能认为，只有不成功的人才需要勤奋，需要提前复工进入状态，这是错误的观点，因为成功的人，大多数本身就是很勤奋的。

从《三十而律——一位刑事辩护律师的成长故事》这本书来看，余安平律师的成功，离不开他的辛勤付出。这本书并非余安平律师突然有感而发、一挥而就，而是凭着点点滴滴的积累，每天写一点，每天在网络上推送文章，最终用一年的时间才将这本书完成。用余安平律师自己的话说，就是用勤奋来充实自己的生活。

另外，还有一名勤奋的律师，即上海的沈永锋律师，他的标签是“并购军师”。他所在的团队出版了一本书，名叫《成功并购 300 问——一本书搞定并购难题》。他现在经常在抖音等自媒体的直播间中讲股权，讲并购。沈永锋律师是成功的律师吗？当然是！而且他依然这么勤奋地在工作！

我认为自己已经进入了工作状态，但是在勤奋上，还远远不够。所以，我也在不断地给自己提要求，让自己更加勤奋。

青年律师首先应摒弃传统的“个体户”思维，远离传统的“传帮带”模式

青年律师应改变传统观念，不应局限于“个体户”思维。“个体户”模式是中国律师的传统模式。

这种模式下的律师服务没有分工，从案源开拓到办案，一个律师“一脚踢”。然而，律师不可能是全能的。

法律服务业经过二三十年的发展，已经发生了很大的变化，尤其表现在律师服务的专业化细分及一体化经营。在一体化律师事务所中，律所不再是一个简单地被律师挂靠的“壳”，律所的经营性显著增强，是个非常典型的经营主体，即律所由律师的执业机构转化为经营组织。

作为经营主体，按照现代企业制度设立，律师不再是个体户，而是有所分工，各司其职。律师不再是“全能”的，律师在律师机构中仅担当某个具体角色，负责某项工作。因此，青年律师应换个思路，比如在拿到执业证后，考虑加入一个一体化经营的律所或团队，再根据自身特长在团队中找准定位，分工协作，以便通过自己的专业安身立命。

今时今日，并不是所有的青年律师都需要考虑案源开拓问题。归根结底，青年律师应找准自己的定位，再根据自身的特长安身立命。总之，在律师事务所一体化的趋势下，青年律师首先应摒弃“个体户”思维，进而

在一家一体化的律师事务所组织中找准定位、谋求发展。

今时今日，传统的师徒模式已不具备优势。因此，青年律师不应局限于单一师傅的“传帮带”，而应致力于自主学习。现在，各级律协、各级法院乃至律所、专业律师等制定或撰写了很多案件操作指引、办案指引以及经验总结，这些往往比一个单一师傅的经验更为专业和全面系统。青年律师完全可以根据上述资料进行自学，以实现快速成长。

总的来说，律所一体化运营模式将会成为律所未来的发展趋势。个人认为，律所一体化对于青年律师来说，更有利于其成长。因为，一体化律所对于律师的培养，有规划，有计划，有系统安排，有体系。而挂靠式律所，律师师从某个律师，依附于其师傅，种瓜得瓜，种豆得豆，其成长必然受限于其师傅。而在一体化律所，人人皆为我师，青年律师可以从众多律师中吸取养分，博采众长，快速成就自己。

律师职业没有必要成为青年律师一辈子的不二之选

取得执业证以后，除了成为一名执业律师，还有哪些职业规划？如何抵制其他领域的诱惑，坚定地走律师这一条道路？

我认为，律师职业不同于爱情和婚姻，你可以从一而终，但没有必要成为青年律师一辈子的不二之选。

对青年律师来说，虽然学习了法律，通过了法律职业资格考试，但这个世界很精彩，还有很多其他机会和选择，不一定就是做律师。

回答这个问题，还是要讲讲我自身的经历。我是“半路出家”做的律师，我当时决定去考司法考试、做律师，不再去做企业管理、创业，甚至做老板，其实是一个很无奈的选择。

或者说在当时，根据我自己的个人情况、身处的环境来看，做律师是一种最优的选择。总的来说，我选择做律师是一种无奈之下的最优选择。

我们每个人在不同的人生阶段都会面临不同的选择，有些是主动的，有些是被动的。2003—2005年那段时间，我曾说过一句话：“我这辈子最差的就是做律师。”

因为我的志向并不是做律师。我大学学的是管理专业，毕业之后，也就是在做律师之前的很长一段时间内，我都是在大型企业做管理。后来经历了下岗，创业也没有成功，所以我最终无奈地选择做了律师。我的这种选择跟年轻律师不一样，我的选择是被动选择。

“萝卜青菜，各有所爱”？但是，首先你得有选择，即有“萝卜青菜”，才能够“各有所爱”。当没有其他选择的时候，只能选择做律师，不会去想其他问题。

如果做律师是自己的梦想，律师这个职业很符合自己的性格或者自己很喜欢做律师，那就不会去考虑别的选择。因为律师职业是律师的饭碗，而且是一个“金饭碗”。

但是，人在面对选择的时候通常是纠结的，因为未来有太多的不确定性。怎么选择是一个很大的问题，不能一概而论，要根据个人所处的阶段和当时的处境去选择。

俗话说“骑驴找马”，很多人在面对自己的工作的时候，都是抱着试试看的态度。即使在有选择的时候，也不是马上就做出选择的，也会想先看看当前的工作是不是适合自己，有没有发展前景，然后再做出选择。

律师这个行业其实也像“围城”（钱锺书先生的小说）一样，围城外的人想进来，围城内的人想出去。

有的人觉得做律师挺好的，想要去读法律、做律师，因为它代表着公平正义，很高尚。但入了行之后，才知道做律师那么艰难，刚开始执业的时候，连养活自己都困难。接着就会彷徨，从而放弃做律师，转而去做公司法务、考公务员或考研等。

也有些律师选择坚持下去，三年、五年、十年，慢慢积累，从生存都难以保障的小律师，发展成为律所的合伙人和律所经营者。

还有一些人，在做律师的过程中找到了机会，积累了一定财富后，就转行做了老板。比如，做不良资产，在资产包里淘到了一个物业，因而去做房地产开发，去做投资和酒店。

对青年律师来说，在律师职业道路上如何发展，都存在着很多的不确定性。如果想要坚定地走律师这条路，在面对诱惑的时候，不管是什么样的机会、什么样的选择，都得做到不忘初心。也就是想想自己当时为什么要学法律、考法考。

只要你认为自己的选择是对的，既能够养家糊口，又能够有职业上的发展，还能满足自己人生的追求，有时候也不一定说非得转行做老板或者有多少资产才算成功。

在从业过程中，作为律师，你可以一路走到底，从年轻一直做到老，有些律师90岁了都还在出庭呢。也可以中途有别的机会的时候，就做别的事业。一切都是因人而异、没有标准的。当然，最终要做到一点：选择了之后，就不后悔。

综合能力更重要

对于在实习期仅接触过非诉业务的年轻律师而言，该如何快速地积累办案及庭审经验呢？对此，我认为，综合能力更重要。

仅接触过非诉业务的年轻律师在困惑如何积累办案及庭审经验的时候，不妨把问题反过来想一想：只接触过诉讼业务的青年律师或许也在顾虑，该如何积累非诉经验？情形虽相反，但道理是一样的。

一方面，实操经验确实重要，办案和庭审是一个技术活儿。律师就像工匠一样，案子办得越多，庭审参加得越多，功夫就越深，毕竟熟能生巧嘛。

另一方面，经验是一个相对概念，没有绝对标准。设想一下：律师甲代理 10 个相同案由的案件，律师乙代理 10 个不同案由的案件；律师甲代理的 10 个案件，都是基层法院的一审案件，而律师乙代理的 10 个案件，由不同层级法院审理，涉及一审、二审和再审案件。

虽然这两名律师代理案件的数量相同，但是积累的经验肯定会不一样。经验积累是一个从量变到质变且永无止境的过程，单纯数量的增加与经验积累并没有必然联系。

目前我国民事案件有 400 多个案由，刑事案件亦有 400 多个罪名，作为律师，我们是不是都要亲力亲为地办过每个类型的案件，才算积累了经验呢？这恐怕连最努力、最成功的律师也做不到。

律师不能为了办案而办案，不能做书呆子式律师。办案经验的积累和办案技巧的提升，既需要时间沉淀，也需要触类旁通。律师要怎样办案？又怎样做到快速积累经验进而触类旁通呢？其实这并不是一个“真”问题。

我国民事诉讼法、刑事诉讼法、行政诉讼法等程序法，实际上已经明确规定了应该如何办案。除了前述三大程序法，还有最高人民法院出台的司法解释、各省（直辖市）高级人民法院发布的有关审理不同类型案件的指导意见等。只要青年律师认真学习这些文件，就可以快速掌握办案技巧。

另外，律师还可以参考各类办案指引，如中华全国律师协会、各省市律师协会针对不同类型的案件制定的各种业务操作指引，这些办案指引集合了律师同行经验之精华，青年律师可从中快速汲取办案经验。而且通过律师团队办案的方式，年轻律师与有此类案件办案经验的律师合作，完全可以速成，实现弯道超车。

因此，在技术层面上，青年律师快速提升办案技巧并不是难事。对于律师来说，最重要的是提升学习的能力、借鉴的能力和触类旁通的能力。

总之，要想成为一名优秀的律师，综合能力比办案技巧更重要，提高悟性比重复劳动更重要。

事业心态是青年律师化解压力的利器

律师面对竞争压力、生存压力时，该如何调整好心态，做到繁忙而不失愉悦、紧张而不失自信呢?

我认为，保持良好的事业心态是青年律师化解压力的利器。

第一，正确认识竞争压力和生存压力。律师行业确实竞争激烈，然而“竞争”和“压力”并不是律师行业的专属品。香港巴士阿叔都说：“你有压力，我还有压力呢!”

俗话说，有人的地方就有江湖。同样，有人的地方就一定有竞争、有压力。各行各业都存在竞争，每一个人都会遇到各种各样的压力。只有我们正确认识到“竞争”和“压力”是社会普遍存在的正常现象，才能够正确面对压力，从而调整好心态。

第二，既然竞争和压力不可避免，那么该如何调整好心态呢? 个人认为，凡事要多想一想它美好的一面。生活是美好的，要善于发现生活中的美。

提出这个问题的律师，不妨多想一想自己幸福的家庭，想一想健康聪明的孩子，想一想自己在工作之余攻读法律硕士等，这些都是生活中的美好之处。

有些律师熬过最艰难的执业初期，收入渐增，抱着小富即安的心态，这也是一种好的心态，知足常乐嘛！而我自己，入行已有十余年，同样面对着各种压力，但我非常珍惜生活中的各种美好。如果我们每天总想着竞争、压力，总想着不好的事情，那么最终将会事与愿违。所以，保持乐观的心态非常重要。

第三，又该如何做到繁忙而不失愉悦、紧张而不失自信呢？我认为，面对压力而感觉困顿的律师，应学会将职业心态调整为事业心态。仅把律师当作一种职业，当成养家糊口、解决生活来源的手段，就是职业心态，其只能满足人的最基本的需求。但事实上，只有职业心态还远远不够，如果仅仅抱着职业心态去做律师，只能拥有短暂的快乐，而无法达到持久的、真正的愉悦和自信。

什么是事业心态？将律师职业当作一份事业去做。有理想、有抱负，为实现这份事业设立不同阶段的目标，为实现一个个具体的目标而自信和快乐。这样的自信和愉悦，比起养家糊口、获取生活来源的快乐，比起小富即安的快乐，会更加长久、更加愉悦。

那么，又如何确定目标呢？可以将目标立得很高大上，比如为推动法律制度的进步，为实现中华民族伟大复兴的中国梦做贡献！又或者，可以将目标设定为守护公平、伸张正义、追求自我人生价值。虽然这样目标立得有些长远了，但无妨！

当然，也可以将自己的目光移近一些，先立一个小目标，立志做成小事业，再去逐步实现大理想，做大业。比如，作为青年律师，三年后能够开拓多少个法律顾问单位，开拓多少个业务渠道？五年后自己的团队有多少律师？能否自立门户创立自己的律所？

为理想、为目标、为事业而工作，在面对竞争和压力时，自然可以泰然处之！自然可以做到繁忙而不失愉悦、紧张而不失自信，做到忙并快乐着！

在律师业“五化”面前，青年律师逃无可逃

律师业单打独斗的年代已经过去了吗？青年律师如何面对律师的商业化、团队化、一体化、集团化、全球化？青年律师应该融入还是游离于“五化”之外？

律师业单打独斗的“个体户”模式，是律师业过去几十年的常态。近年来，随着改革开放的深入、法律服务市场的逐步成熟以及法律服务业的发展，单打独斗的“个体户”模式，已经在逐步改变。但是，律师业的基本业态仍然是师傅带徒弟的模式，仍然是单打独斗的“个体户”模式。也就是说，律师业单打独斗的状况开始在改变，但是律师业单打独斗的年代并没有过去。

青年律师如何面对律师业的商业化、团队化、一体化、集团化、全球化呢？

➢ 商业化

过去律师业作为一个法律服务业，跟商业并不沾边，跟资本也是不搭界的。但是，近几年，随着“互联网+”的出现以及“互联网+法律”的发展，律师服务业的业态已经越来越市场化，越来越商业化。

律师业的商业化体现在很多的律师机构、法律服务机构中，尤其是以“互联网+”为机制的法律服务机构随着“互联网+”的发展，如雨后春笋般地出现，其中的推手就是资本。这些机构的根本机制就是市场化、商业化。

➢ 团队化

团队化其实就是律师业出现分工后的产物。在过去，律师业的基本状态就是师傅带徒弟的“个体户”模式，从接案、谈案到办案，甚至整个案件代理的全过程，都是由一个律师独立完成的。

团队化的雏形实际上就是师傅带徒弟，从一个师傅带一个徒弟到一个师傅带两个、三个甚至更多个徒弟。然后，徒弟拿到律师执业证出师以后，又继续带徒弟……就这样形成一个阶梯式的团队。

团队化的出现，是以专业化分工为基础的。在没有团队之前，律师业的基本情况，就是一单业务、一单案件全部由一个律师“一肩挑”做完的。所以，有了分工以后，就需要有团队。现在大部分律师事务所，不管是大所还是小所，都会有团队模式，这是现在律师业的基本业态。

➢ 一体化

一体化就是把律所看作一个整体来运作，在经营、管理上分工协作，资源和成果实现共建共享。

近年来，一体化的律师事务所越来越多，律师事务所的一体化是在团队化的基础上形成的，再加上商业化作为推手，所以很多中小律师事务所为了提升自己的竞争能力，更加适应市场的需要，都采取了一体化的模式。

➢ 集团化

集团化实际上是源于律师事务所开设分所。律师事务所从开设一个分所，到两个、三个或者更多分所。

甚至有些律师事务所的机构，不仅做一线城市的布局，还布局到了二线、三线、四线城市。这些分所和机构有的形成了律师集团，有的形成了连锁甚至联邦式的律师事务所机构，由此各种集团化的律师事务所以及法律服务机构就出现了。

➢ 全球化

经济全球化是当代世界的必然发展趋势，这个趋势造就了一个世界范围的大市场。而在经济全球化趋势下，必然要求律师业的国际化、全球化。

对于律师业来讲，全球化就是服务对象、服务内容和服务水准的全球化。律师事务所的商业化、团队化、一体化、集团化、全球化不是相互独立的特征，它们是互相并存且互相促进的。比如，集团化、全球化就是由商业化带动或推动的；集团化和全球化的过程，本身也是一个商业化、团队化和一体化的过程。

青年律师应该融入还是游离于“五化”之外?

律师业的“五化”已经到来了，对青年律师来说，不管愿不愿意，都需要去面对，逃无可逃。

融入“五化”是唯一的选择，而选择游离是无路可走的。就算暂时游离，今后也还是要融入的，迟融入不如早融入。

所以，我给青年律师的建议是一入行就选择融入，选择能够融入“五化”的律师团队和律师机构。

后　记

2020 年的我，我的 2020 年

2021 年新年的钟声刚刚响起。

此刻，我已经躺在温暖的被窝里。但是，我完全没有睡意，原来是有件事未做：尚未对已过去的 2020 年说点儿什么。

浏览了一下朋友圈中各类关于跨年、关于 2020 年年终盘点或总结的文章，发现有不少是“关键词”体例。由此，我决定本文也采用这一体例。

关键词一：了不起

习近平总书记发表的 2021 年新年贺词的关键词是“了不起”，每个人都了不起！那么，这里的“每个”当然包括林叔权律师。

大人物有大人物的了不起，小人物有小人物的了不起。大人物的了不起是伟大，小人物的了不起是不平凡。

过去的 2020 年，我不仅“了不起”，而且是非常了不起。可以列举的“了不起”有很多，最重要的一点是，在年终做出了一个重要决定：2021 年，我将在七年前从珠海北上广州的基础上，继续北上，北漂至北京。

近几年来，我过着两点一线的生活。两点：珠海、广州；一线：广珠

城轨。未来几年，我过的将可能是三点两线的生活。三点：珠海、广州、北京；两线：京珠动车、京广动车。

其他领域、其他方面的了不起，将在以下写到的关键词中体现。

关键词二：出书

2020年，我出了一本书，即《业主撤销权纠纷精选案例——律师评析》，晋升为有书一族。9月中旬拿到该书后，赠书成了生活的一部分。该书首次印刷了2000本，少量售出，多数免费赠送。

还有一本《会展业诉讼精选案例——律师评析》，由四川大学出版社出版。这本书稿与业主撤销权一书，都是2018年交付出版社的。

2020年国庆节期间，宅在珠海家里，整理了本书书稿，11月专程前往北京征求了知识产权出版社编辑老师的意见，准备在元旦假期根据编辑老师的意见进行修改。

11月，我还在北京拜访了两位大咖，恳请他们为本书写序。很高兴他们都欣然应允。

11月30日，大湾区青年律师成长沙龙暨律媒社举办了一期“律师出书及律师为什么出书”的沙龙，邀请出过书的几位律界大咖讨论。

出书，对于律师来说，是为了名？还是为了利？或者两者皆有？抑或是为了情怀？很多年轻律师，不知道自己能不能出书？不知道为了什么而出书？更加不知道该如何出书？这些问题，参与沙龙的大咖们都给出了精辟的回答。

律媒社开始担当律师出书顾问的角色，与“羊城毒辩”签订了出书顾问合同，他们的书稿已由律媒社向出版社提交审稿。

新的一年，律媒社将成立法律出版部，为律师同行竭诚服务。

我和我的团队，新年的出书目标：三本。

关键词三：导师

自封的“导师”称号。

2019 年 5 月，我发起大湾区青年律师成长沙龙，自封“导师”！2020 年举办各类沙龙，线上加线下，非常热闹。在沙龙中，我担当主持，或作为嘉宾，心安理得地自称或被称为“导师”，在沙龙中时常慷慨激昂！

这个“导师”是自封的，没有官方认可。

一年多来，大湾区青年律师成长沙龙及律媒社聘请的青年律师成长沙龙活动导师已有 50 多位，基本上都是律界大咖。在沙龙中，我与他们一起观点交锋，快哉快哉！

新的一年，导师阵容将争取过百。

老婆大人在 2020 年不止一次“抱怨”：林叔叔，你就是个过干瘾的人。她的意思是：我只在乎自己的感觉！确实，我有点儿自私！对不起了，老婆大人！

关键词四：人在律途

2020 年全年，我还是一直在珠海—广州、广州—珠海的“律途”上忙碌着。当然也在全国各地跑，马不停蹄。

2021 年，“律途”上的忙碌将继续。当然，走到哪里，还是少不了会“随手拍”，并在朋友圈、微博、今日头条等上面“随手晒”。朋友圈中获得点赞的感觉真好！

我的粉丝们，2021 年我的“律途”将因为有你们的相伴而更加精彩！

关键词五：变老

2020 年比 2019 年有更多的机会被人称为“阿伯”。“阿伯”二字是陌生人对我的称谓，这是件多么无可奈何的事！称谓从哥哥，到阿叔，再到阿伯，证明着自己在变老。虽然如此，但我仍经常以钟南山先生为榜样，钟老80多岁了，依旧那么精神，那么有活力。每每想起他，我就对“变老”一事坦然处之了。

曾有人问我：“怕老吗?”我答：“怕!”没有不怕老的，也没有不怕死的。但是，老去、死去，都是自然规律。

父母都走了好几年了。他们活着的时候，是我前面的那堵墙，他们走了，自己成了一堵墙。我这堵墙，终有倒下的那一天。

我当然也期望长命百岁。但我只求上天至少给我15年的时间。虽已做律师15年，但我感觉才刚找到做律师的感觉，所以期待再有15年，让自己疯狂一把。

与我同为60后的，时时听到有人已退休，庆幸的是，律师这职业，不用退休，可以做到终老!

说到这，不得不提一下，广州一位律师前辈，90多岁了，还天天在律所上班，当然老爷子是该律所的创始人。不幸的是，前几天在广州与厦大校友聚餐时，获知这位老爷子已经走了。

老爷子，在天堂上可能还继续做着律师呢!

关键词六：老朋友

过去一年，我继续享受着珠海电台的“老朋友”身份。

从2006年到2013年北上广州，我从珠海电台的“市民热线”开始，到“百姓论坛”“谢童讲新闻”“安居新主义”等，我都是以“老朋友”的身份作为节目嘉宾、评论员，有时候从早到晚，在多个时段的不同频道都可以听到我这带着闽南口音的声音。每次节目开始，节目主持人都以“今天，我们请出我们的老朋友林叔权律师”作为开场白。

被节目主持人称“老朋友”，且以嘉宾的身份出现，自己的声音通过电波传到认识我的和不认识我的听众耳旁，我是很享受的!

近年来，因北上广州，我在珠海电台做节目的频率相对少了。2020 年，感谢安达，感谢 Susan、宝宝及朱莉沙的邀请，我仍然以“老朋友”的身份在“安居新主义”“职达巅峰”节目谈关于房产交易、出租等的法律问题，谈劳动法案例，在“带着音乐去旅行”节目中介绍厦门，介绍厦门的鼓浪屿。

更加得意的是，2020 年我这个“老朋友”，以老带新，将两位美女律师带上珠海电台，她们是袁利丹律师和杨海玲律师。她们也成了珠海电台的常客。

关键词七：标签

赚到钱的律师身上不一定要有标签，但身上没有标签的律师，不可能是名律师。这里的“名”是出名的“名”。

2020 年，我的身上多了很多标签：广东省法学会房地产法学研究会理事、广州市律师协会房地产与城市更新专业委员会委员、珠海市建筑业协会法律工作委员会副主任、国信信扬律师事务所城市更新法律服务专业委员会秘书长、厦门大学广东校友会法律分会副会长等。

这些标签都值得显摆一下！因为，这些标签代表专业，代表行业地位。

从珠海“名”律到大湾区“名”律，再到全国“名”律，每一步都不容易！

福建人的性格就是爱拼才会赢。感谢这个伟大的新时代，给我拼、给我显摆的机会！

关键词八：旷日持久的官司

12 月 30 日上午，我在深圳见了深圳机场的几十名退休职工。他们是我代理案件的当事人。这个群体性官司，涉及 200 多名深圳机场退休员工的“退休生活补贴”及因他们在职期间被少缴社保而影响的退休待遇。

官司，从 2017 年开始，二轮了，从深圳市盐田区人民法院，到深圳市中级人民法院，再到广东省高级人民法院。看来这个官司还得走到北京到最高人民法院，或者得从头再来一轮！

他们从网上看到我2010—2012年受珠海总工会指派，成功为某医药股份有限公司的121名退休职工争取到应有的退休待遇，因而慕名找到我。当时这个官司从劳动仲裁开始，经香洲区人民法院一审、珠海市中级人民法院二审、广东省高级人民法院再审，无论哪个程序都是我这边完胜。该案堪称我律师生涯中所办的最经典案件！

深圳机场这个案件，旷日持久，如今终于来到了十字路口！

12月30日上午，在深圳的一家茶楼里，那几十位老人，曾经都是深圳机场的老“功臣”（他们说的），但是他们退休了，没有得到应有的退休待遇。所以，他们不平！他们恳求我继续帮他们。从他们的言谈举止中，我读懂了他们要争取的不仅仅是应有的退休待遇，他们要争取的是公平正义！

当然，我也读懂了他们对我的期待！这个期待是信任，也是压力。这场旷日持久的官司，从一审、二审到再审，都输了，但他们仍然信任我，信任我的团队。他们的信任是金、是动力，因此，我决定再“战”！

关键词九：糖尿病

2019年在医生的建议下，我这个“老糖友”打上了胰岛素。

我是2003年检查出血糖高的。那时，医生就建议我住院降糖。但是，我那时刚与“三威注塑”（我在珠海的贵人之一贝理纯老板的公司）的同事从珠海的广生村爬过黑面将军山，走的是野路，我还是走在最前面的那位。所以，我当然拒绝医生要我住院降糖的建议。

关于糖尿病，我至今仍然不认为这是病。虽一直吃降糖药，现在也打上了胰岛素，但我仍然不认为这是病。其原因在于，任何时候都不能把自己当病人，否则这日子就没有办法过了。

说到这里，突然想起我奶奶了！她是2002年走的，享年90岁。愿她在天堂一切安好！

2020年还走了一位老奶奶，贝理纯的老奶奶，100岁！20世纪90年代，我曾到贝老板的揭西老家住过一晚，见过这位老奶奶。她这辈子最自豪的应该是有个亿万富翁的孙儿吧！

奶奶，老奶奶，你们都安好！

糖尿病的厉害之处在于并发症，这个我当然知道。糖尿病也是我向上天再借15年的拦路石。

要命的不是糖尿病，要命的是我自个儿不敢打胰岛素针，非得老婆或女儿帮我打。

2020年年初，那个讨厌的新冠疫情不请自来，更讨厌的是至今还不想走！它不走，我们人类只能用“常态化”对付它！

糖尿病在我身上，是去除不了了，我也用“常态化”对付它！

关键词十：营房

铁打的营房，流水的兵！

2020年年底的最后几日，厦门大学经济学院原院长洪永淼辞职了。并且，有网友晒出从厦门大学出走的院长不仅是洪院长一人，而是七人。当然，校方没有正式回应，但有其他渠道进行了非正式澄清：那几位院长出走并非事实，有两人还在任，其他的院长是正常离任。

之所以关注这件事，是因为我还有母校情结！这个情结，一辈子都不可能消失。所以，厦门大学的一切，我都关心、都关注。

前几天去过厦门，本想进厦门大学一趟，可是未办校友卡，进不去。遗憾了！元旦后，一定抽空再回一趟厦门，办好校友卡，进厦园，在上弦场再跑上10圈。

昨日某人知道我这次未能进厦园的遗憾，私信发给我几张厦园照片。谢谢某人！祝某人新年快乐！

之所以把洪永森离开厦门大学这件事作为2020年与我有关的关键词盘点，是因为我团队成员的离开。

十几年律师生涯中，我带出的律师足足有30多名。他们有的从大四就跟我实习，有的退休后转行考了法律职业资格证并跟我实习，有的属于专升本，有硕士，还有双硕士。我早已习惯了实习生、实习律师、律师从我这里进进出出。

学校是座“营房”，我和我的团队也是座“营房”。

我的职业是律师，我的副业是“导师”，我愿意！我自豪！

结尾

2020年的我与我的2020年，还有很多很多关键词可以提炼，可以写。但是，人们凡事都习惯“十”这个数字，所以就写这十个关键词。

关于2020年我做的那些事，经历的那些事，全部在互联网上留了痕，微信、微博都点点滴滴地记录了。我是透明的！

最后，要记录的最重要的关键词是家人，包括老婆大人、女儿，狗狗宝宝，兄弟姐妹和他们的儿女们。关于他们，就记在心里了！我深爱你们！

老婆大人，想家了，回贵阳过元旦！林音、聪宝，我们仨在珠海。

2021年，我将继续地“疯狂”！因为再不疯狂，我就真的老了！

元旦快乐！新年快乐！

林叔权

写于珠海市唐家·翠湖香山玉兰苑

2021年元旦

○●○ 关于 2023 年的记忆 ○●○

2024 年已经过去一个多月了。前几年，在元旦那天或前后，我都要为逝去的一年时光写点儿什么。

但是，2024 年元旦来临之际，我没有下笔，原因是好像没有什么亮点可写，后来只是写了关于高尔夫的八个关键词。而对于我的职业、工作及生活的其他方方面面，虽然想写点什么，但没有下笔的冲动。对的，没有写的冲动，脑袋空空，不知道该写什么。

现在，2023 年不仅远离而去，还成了历史！此时此刻，我独自乘坐 G1623 次高铁前往泉州东站。没有错，是独自。

本来是没有这趟行程的。在珠海住的时间长了（35 年啦），春节假期就越来越不想动，只想在珠海待着。因为一年到头几乎都在路上，都在律途中，乐并累着，想利用春节放假歇一歇。但是，节前两天被告知深圳市永春商会预计于 2 月 11 日（大年初二）下午在永春荣誉酒店举行春茗座谈会，所以我就代表广州市永春商会报名，也因此有了这趟意料之外的返乡行程。因此，可以说，在新的一年，我大年初二就开工了。

这趟车程有四五个小时，无事可做。微信朋友圈和各微信群里，都是有关过年和拜年的内容。刚才在广州南站候车期间，已经浏览了一遍，所有信息都与工作无关，估计这两三日也是如此，所以可以不再仔细关注了，车上的这几个小时，似乎就可以用来写点什么。

于是，言归正传，关于 2023 年的记忆，我仍旧采用关键词体例记录。

关键词一：业务

当然指的是律师业务。2023 年，几乎碰到的人都说难，尤其是生意人，总是说生意突然间难做了，甚至比三年疫情防控期间更难。而自己的律师业务，也是如此。

律师业务难，体现在“卷”字。找我咨询的，想找我代理案件的，其实并没有减少，减少的是付费的意愿和付费的能力，减少的是成案的概率及律师费。

关于“卷”这一点，各行各业其实是一样的。前不久广州某知名餐饮企业在芳村的一家老店，因交不起房租而关门了。老板说，人均消费低了，每月亏损几十万元，所以就撑不下去了。

好在律师是可以选择轻资产模式的。对于那些在攻城略地的律所，我煞是羡慕和佩服，但很好奇，他们的日子好过吗？

律师可以选择将自己的律师证挂在一个律所，交点管理费，自己承担卡座（办公室）费及助理、团队费用，再扣点税点，然后自己干自己的，自收自支，自生自灭。

当然，也可以干个小所（自立或加盟），体验一下自己当老板的滋味，享受其中的体面。

这两种模式，我在多年的律师生涯中都干过，尝过个中滋味，也体验过有面子的感觉，甚至想过要做大做强。不过，那是前几年的事了，2023 年我则主要放平心态，在广州回归轻到不能再轻的轻资产模式。

如今看来，我在 2022 年年底做出的“收摊子”（即缩小规模）决定是正确的，也算“先见之明”，做到了实事求是、因时而异，不逆“势”而为。如此之结果，就是压力小一些。自己几十年的体会与观察是，人之所以不快乐，其中一个因素是压力。压力大，必然郁闷甚至抑郁，自然难有快乐。

关键词二：出书

2023 年 9 月，以我为主编著的第三本法律专业书籍《律师评析：实际施工人精选案例》，由中国建筑工业出版社出版。之前的两本，是由四川大学出版社出版的《业主撤销权诉讼精选案例——律师评析》《会展业诉讼精选案例——律师评析》。

这三本书均印刷 2000 本，拿到书后既送又卖，前两本已经送完卖尽，《律师评析：实际施工人精选案例》还剩一半不到，估计 2024 年也将送完售罄。

关于前两本，有朋友问，再版不？我答：都不再版。法律书，很难成为畅销书，加上自己能力有限，之所以采取编书的方式而不是写书的方式，就是没有能力写，只能编写。好在案例研究，虽是编写，但绝对不是抄写；虽然没有跳出“搬运工”的范畴，但有精选，有归纳，有提炼，还有律师评析和建议。

这三本书既可以为律师办案提供指导，也可以作为法学生及其他法律人学习参考之物。其中，一本针对一个案由，一本针对一个行业，还有一本针对一个权利主体。

对于一名律师而言，向社会贡献了三本正式出版物，我已经知足，已经不必要再重复做同类的努力和付出了。所以，就此打住。

当然，我已经广而告之，还有一本书即将出版：《爱拼才会赢——我的律师生涯》。该书由公认的中国律师界的挚友、良师益友刘桂明老师作序。这一点是我律师生涯中，也是我一生中的无限荣光。

这本书基本上将我的律师生涯进行了总结，划上一个完美的句点。

此话怎讲？意思是，这本书出版后，我将召开一个沙龙，赠书，要庆祝一下。然后，向大家宣布：自此以后，做律师于我而言，已经不是为了生计，而是因为活着，因为还活着，而活着就必须做事，就应该继续精彩，否则就是行尸走肉，就是生物学意义上的活着，就是在等死。

关键词三：作序

关于出书，值得记录的还有一事：洪树涌律师及其“羊城毒辩”律师团队成员编写的由知识产权出版社出版的《毒品案件辩护技巧与案例解析》一书，由我和北京著名刑辩律师段建国老师作序。这个事，我引以为豪！在中国，出版一本书不容易，但是出书的律师不少，而有机会为律师同行出的书作序的律师应该是屈指可数吧！

顺便说一下，我自己虽不想再出什么书了，也没有必要再出书了，但是，有机会和缘分的话，我还有一个心愿要完成：助人出书，再做一次出书顾问。

关键词四：拍档

周龙梅律师，英语、法律双料硕士，国信信扬律师事务所合伙人。

2023年9月某一天，我约她吃饭，要送她一本我新出的书。

饭间，她看见我用的手机屏幕坏了（但基本上不影响使用），便说：林律师，这个手机还在用啊，有失你的形象呢，我送你一部手机，和我的一样。于是，我却之不恭，换了这部可翻屏的折叠vivo手机。和她去专卖店装机时，才知道要花9999元！

我问她为什么送我大礼？她说：您是我的老师、人生导师，是我成功转型做律师途中的贵人。其实，我早就想着送点什么礼物，感谢您啦！您的手机坏了，正好就换部新的吧。

她执业满三年后，成为合伙人，有了独立办公室，请了两个律师当助理，晋升为百万级律师，实现了她的律师生涯中的阶段性目标。

从去年11月开始，我与周律师建立了新的合作关系。现在，她是我的最佳拍档。

她的工作状态和表现，常常让我刮目相看。我的工作节奏那么快，她竟然可以超越！她除了繁重又紧张的工作，还有一对宝贝（一男一女）的读书要她管，要她操心。她说：他们俩第一，工作第二（非她原话，但意思如此）。我评价她：你出得厅堂，入得厨房！

她专业、专注、认真，甚至有那么点儿较真。她既要安内（管理团队），又要攘外（在法庭上对付“牛鬼蛇神”）。她身上的那种“飒”与“爽”，令人不敢轻视，更不敢藐视。

律师这行，单打独斗是常态。有搭档（拍档）不易，有投缘的最佳拍档更是百年不遇。周律师，有你的合作和帮助，我在律途上如虎添翼！所以，我真心地谢谢你！

关键词五：女儿

最近，我常被问道：你微信视频号上的“女儿采访律师老爸”的人设不错啊！但是，你女儿怎么只闻其声不见其人呢？我答：这个是策略，还不是她出镜的时候。

2018年，女儿高考选择志愿时，我帮她选了法律。她也在自家门口的北京理工大学珠海学院民商法律学院读了本科。原本她读的国际班是本硕连读的，三年国内一年国外，但她放弃了。女儿的选择及父母的决定，回到当时，都没有对与错；未来，日子尚长，也都没有定论。一个人一辈子，选择很重要，但快乐更重要！只要她快乐，我和她妈妈都选择尊重她。毕业后，她说喜欢音乐，要去星海音乐学院进修，尊重并支持她。一年的进修结束后，她说要在广州工作，应聘了两份工作，但都离职，也尊重她。年前，回到珠海暂时待着，也尊重她。

后来，我想打造自己的新IP，我原本想找专业机构来做，但因某种原因而放弃。某日，她和我聊起“曲曲大女人”被封号事件，问我怎么看？我脱口而出：“你采访我啊？我曾经可是珠海媒体最喜欢的节目/栏目的点评律师哦！”她说：“老爸，要不你想要的人设就交给我来帮你打造？”我答：“好啊！”她妈接着说道：“你做好的话，珠海律媒文化传播有限公司就交给你做。”于是，她成为珠海律媒文化传播有限公司的员工，我成为她服务的第一位客户。于是，“律师老爸说”视频和人设就诞生了。

关键词六：老婆

写了女儿，还得写一下老婆。否则，后果很严重。这个，你懂的！

写老婆，可以写几本书。今日只捡两个事：

一是她在2023年的财运不错，收入颇丰。当然，她的收入是合法收入，来源于熟人、朋友、老乡们对她的信任。她是广东融聚律师事务所的行政总监，虽不是律师，依规定不能以律师名义或身份接案办案，但她在律所待的时间长了，难免有熟人、朋友、老乡找她帮忙，因而她在本职工作之余，就有机会帮律师对接案源，获得额外收入。

二是保证我打高尔夫球的花销。自2021年10月接触高尔夫球后，我花在小白球上的支出不少，包括但不限于教练费、练习费、会费、球包、球杆、球、衣服以及打球费等。如果她不“放水”，而是关“水龙头”，我自是打不了球的。

因此，龙年伊始，我对她点一百个“赞”且道一万个“谢”！

关键词七：聪聪

说了女儿和老婆，还有一位“家人”必须说！那就是在2023年5月5日清晨永远离我们而去的聪聪。

聪聪是在2012年来到我们家的。我犹记得，它刚来时连滚带爬下台阶的那个憨样！它虽是条“串串狗”，但却是正儿八经领了“身份证”的。一句话，聪聪是我们家人，带给我们无穷的快乐！它走了大半年了，我回到家门口，总是还以为它在等我，有时进门后还会脱口而出叫声“聪仔”！

还有很多场合会触景生情：换衣服时，特别是毛衣，还有它掉的毛；小区门口那片草地，它走到那里拉“粑粑”；香洲桃园路那个公共洗手间后边，它曾掉进了粪坑；广州临江大道，二沙岛对面，它曾掉进珠江；冲凉房，帮它冲凉；菜市场，帮它买猪横利、鸡骨架、鸡血的地方；还有宠物店……

去年此时，它病了，拖了几个月时间，在5月5日清晨，离我们而去。老婆帮它办了告别仪式，买了骨灰瓶，把它带到珠海凤凰山脉的长南迳古道边的一棵松树下，它长眠在那里。很长时间，老婆开车经过普陀寺路段，不知不觉地会叫出“聪聪”。

聪聪，去了极乐世界了。那里没有疾病，也没有痛苦。此时此刻，我想死它了，我眼流满脸！聪聪，待我去了你的那个世界那一天，我要做的第一件事，就是找到你，我们永远不再分开！

林叔权

2024年2月10日（龙年正月初一）上午

修改于2024年2月11日下午永春荣誉国际酒店

补 记

关于律师出书、赠书及获赠书

从“律”以来，但凡看到律师出书的消息或看到律师出的书，我都羡慕不已！

第一次接触律师出书是2006年珠海律师界前辈张少华律师在某个理事会上送给我一本他刚出版的《说法春秋》。收到这本书，我当时就默默地想：什么时候，我也要出一本书。而且这一想法一直伴随着我，从未放下，直到2020年年底以我为主编著的《业主撤销权诉讼精选案例——律师评析》在四川大学出版社出版。

第二次接触律师出书是多年前在珠海市律协举办的讲座上。主讲嘉宾韩冰律师带来了他的《律师是这样做成的》。当然，韩冰律师已是京城名律师了。我与他在新浪微博互粉，至今还时不时看到他针砭时弊。

第三次接触律师出书，是我的夫人告诉我，她在珠海的新华书店看到了刘英的《律师十年——刘英律师执业手记》。刘英律师系记者出身，自称“年轻的年老律师”。我入行时，她都已经从业10年了。与她正相反，我属“年老的年轻律师”，所以很羡慕她。

第四次得到律师出书的信息，也是老婆大人告诉我的。她说："你曾经的助理毕潇出书了。"毕潇，安徽大学硕士毕业，是我曾经的助理中的第一位研究生。2007 年，她在我创办的广东林氏律师事务所（该所已经注销）取得律师执业证后转所，在新所参与编写了一本有关劳动合同法的书。当时，我老婆说："你的助理都出书了，你这个师傅是该惭愧还是高兴呢？"我回答："既羡慕，又高兴！"

2013 年，我从珠海北上广州，先到了广东广强律师事务所。领衔该所的是著名的"金牙大状"王思鲁律师，他是一个多产作家，著有《金玉良言——律师职业生涯启示录》《胜者为王——与您分享如何赢在法庭》等。再一次关注律师出书是易胜华律师出书。他是"北漂京城"的律师，2013 年出版了《别在异乡哭泣——一个律师的成长手记》这本书。这里的"异乡"是北京，据说他也是记者出身。

2014 年 11 月，我开始在国信信扬律师事务所执业。在几年时间里，时不时会收到林泰松主任出版了大作的消息。他是我们"老大"，虽非法本出身，但在律师界名声显赫！他的新作是他与中山大学张民安教授合著的《人格权在民法典当中的独立地位——人格权为何应当在我国民法典当中独立设编》。作为林家律师，我常沾他光，在广州常被误以为"林主任"，每每被称"林主任"，我都要澄清一番，以免误会。

在国信信扬律师事务所，我很荣幸与两位法学大咖曾有交集。一位是慕亚平教授，还有一位是曾祥生教授。他们均是法律界翘楚，著作等身。

某年律所在桂林阳朔召开年会，我有缘与慕教授同居一室，共度一夜，获教良多。只是很遗憾，他在国信信扬律师事务所期间，我未曾开口向他索要他的大作，日后有机会再见到他，定当向他大胆索要。

曾祥生教授是我在广州的贵人之一。我和我的团队在 2018—2019 年担任广州市土地开发利用中心土地出让金专项法律顾问，扛着的就是他和林泰松主任的大旗。曾教授曾赠我一本《撤销权制度研究》。非常荣幸的是，2023 年年初他在百忙之中应我的请求为以我为主编著的《律师评析：实际施工人诉讼精选案例》一书作了序言。

说到律师出书，当然得重点写一下我的挚友段建国大律师了。他至今已出了三本书。

2010 年，段建国律师与他人举办了第八期“商业律师集训营”。在集训营中，我第一次见到了他。那时他是集训营导师，我是学员，后被选为助教。那次他把刚出版的《大律师法庭攻守之道》送给我，并签了名。这是我从“律”以来第二次获律师作者赠书并获作者签名。之前段律师已出版《中国式律师营销》。2018 年，段律师又出了一本《企业家的法律红线》。因为出书，他的标签从“品牌规划师”，改变为“民企刑事危机化解专家”。

说到赠书，我还得提到我的一位中学同学。他不是律师，但却是我人生中第一个赠书给我的。他是北京交通大学经济管理学院院长张秋生。我们是福建省永春县第三中学的同学，他在北京交通大学毕业后留校一直读到博士，留校不久就给我寄了一本他的书，书内还夹了一片香山红叶。他现在是博士生导师了，著作等身。

我获赠书最多的是 2020 年。

11 月 1 日，我在北京参加 2020 桂客年会，获刘桂明老师赠送新作《因为律师》。该书最具特色的是收录了这位被誉为“中国律师最好的朋友”为律师们出书而作的多篇序言。该书由刘桂明老师的太太作序。从序言中，我知道了刘桂明老师一家出了两位律师：他的太太和儿子。

因为《因为律师：从律师打工者到律师观察者的前言后语》这本书，我在 11 月 30 日下午专程前往中国法学会拜访刘老师，请求他为我的《爱拼才会赢——我的律师生涯》作序。

虽然他在微信沟通中予以婉拒，但在他的办公室见到他的那一刻，我尚未开口，他即知我来意，他先说："我虽然在微信上没有答应为你写序，但是，你都找上门了，我还能拒绝你吗?！何况，我与你十几年前在广东还有同游梁启超故居的缘分呢！"

更令我欣喜的是，在谈到由哪家出版社出版时，他建议由知识产权出版社出版，他说他的几本书都是由该社出版的。语音刚落，他抓起桌面电话，向知识产权出版社当时的法律编辑室主任齐梓伊推荐我，并让我去找齐老师面谈。

看完刘桂明老师接见我的过程，大家一定明白刘老师为什么被誉为"中国律师最好的朋友"了吧！

11 月 27 日在北京拜访中国政法大学法律硕士学院院长、2020 桂客年会主持人许身健教授时，获赠《法律职业伦理》一书。许教授虽然不是律师，但他是律师的老师，法律人的老师，所以记录。

11 月 28 日在太原参加"第四期建工法律人论坛"，获赠论坛发起人吴咸亮律师编著出版的《建设工程结算诉讼实务与案例解析》。

同月，我还获赠广东宋氏律师事务所宋福信的《我是一名刑辩律师》、河南张振龙律师事务所的张振龙律师的新书《民营企业依法避险与自我保护百事通》，以及北京市天理律师事务所高级顾问、北京山天大蓄知识产权代理股份有限公司董事长、厦门大学校友张秋龙主编的《专利管理实务》。

12 月 6 日在江西南昌获我所敬重的学者、律师刘锡秋赠送的《陪审制度的历史研究》。

2021 年 4 月，《对话律师——全国优秀律师访谈录》由中国商务出版社出版。该书采访了近 60 位中国当代优秀律师。

该书设“做好人做好事做好律师办好事”专篇，以记者采访的方式详细地展示了我本人的执业生涯以及对律师行业的热爱、成功案例等。

专访以“不负青春　艰辛打拼”“厚积薄发　铸就辉煌”“拨云见日　坚守正义”“不忘初心　拥抱未来”等部分记录了我15年的律师生涯。

回到我自己，除了《业主撤销权诉讼精选案例——律师评析》，2021年，由我主编的《会展业诉讼精选案例——律师评析》出版，2023年8月，由我主编的《律师评析：实际施工人诉讼精选案例》出版。这三本书，都是案例评析。业主撤销权是一个案由，会展业是一个行业，实际施工人是建筑业中的一个权利主体。这些说明，我的“看家本领”是定向于某一行业、聚焦于某一细分领域的专业化法律研究。

在出书这件事上，特别值得记录的是，今年我实现了跨越：2023年9月，广东广信君达律师事务所洪树涌律师主编、知识产权出版社出版的《毒品案件辩护技巧与案例解析》，我获邀作了《从“羊城毒辨”谈律师品牌由个体到团队》的序言。

出书、赠书及获赠书，都是美事！截至今日，关于出书、赠书、获赠书，值得记录的人和事，想得起来的就上面这些（但愿没有遗漏）。关于出书、赠书及获赠书的故事，在未来一定会继续延续下去，而且将更加精彩！

林叔权

2023年9月23日写于珠海市香洲·敦煌大厦